THE KING OF TENNIS AND HIS ERA

# ROGER FEDERER

网球天王与他的时代

# 费德勒传

[英] 伊恩·斯普拉格 著

萨米 译

金城出版社
GOLD WALL PRESS
中国·北京

**图书在版编目（CIP）数据**

网球天王与他的时代：费德勒传 /（英）伊恩·斯普拉格著；
萨米译. —北京：金城出版社有限公司，2020.3
书名原文：Federer: Portrait of a Tennis Legend
ISBN 978-7-5155-1947-0

Ⅰ. ①网… Ⅱ. ①伊… ②萨… Ⅲ. ①费德勒—传记
Ⅳ. ① K835.225.47

中国版本图书馆 CIP 数据核字（2019）第 274230 号



**网球天王与他的时代：费德勒传**

| | |
|---|---|
| **作　者** | [英] 伊恩·斯普拉格 |
| **译　者** | 萨　米 |
| **责任编辑** | 王寅生 |
| **责任印制** | 李仕杰 |
| **责任校对** | 岳　伟 |
| **开　本** | 710 毫米 × 1000 毫米　1/16 |
| **印　张** | 12.5 |
| **字　数** | 150 千字 |
| **版　次** | 2020 年 3 月第 1 版 |
| **印　次** | 2020 年 3 月第 1 次印刷 |
| **印　刷** | 小森印刷（北京）有限公司 |
| **书　号** | ISBN 978-7-5155-1947-0 |
| **定　价** | 59.80 元 |

| | |
|---|---|
| **出版发行** | **金城出版社有限公司**　北京市朝阳区利泽东二路 3 号　邮编：100102 |
| **发 行 部** | (010) 84254364 |
| **编 辑 部** | (010) 64391966 |
| **总 编 室** | (010) 64228516 |
| **网　址** | http://www.jccb.com.cn |
| **电子邮箱** | jinchengchuban@163.com |
| **法律顾问** | 北京市安理律师事务所　18911195819 |

费德勒纵横职业网坛 20 多年，史无前例地获得了多项大满贯冠军，在全世界赢得了众多球迷的喜爱。

# 目　　　　录

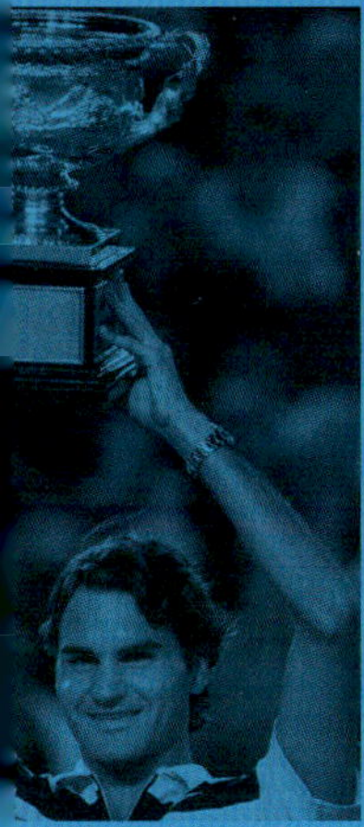

费德勒从骨子里愿意与粉丝亲近，这贯穿了他整个令人难以置信的职业生涯以及夺得一系列史无前例的冠军的过程。

# 引言
# 罗杰 · 费德勒的故事

作为一名影响力已经超越本领域的标杆式职业选手，费德勒非凡的职业生涯取得了史无前例的成就，这个优雅的、长期受大众追捧的瑞士人不断重新书写着网球的历史。

在现代体育中，由于经常有人被冠以“最佳”的称号，因此这一称号的价值已经被贬低了。网球运动中，很多人都垂涎于“球王”这个让人梦寐以求的头衔，但当我们以大满贯赢球数、巡回赛冠军数、奥运会以及戴维斯杯的成绩来衡量一名球员的成就时，这个球场上毫无争议的王者就只有一人了，更不用提他让人难以置信的运动寿命以及他在球场上所表现出的风度。

然而，把费德勒的职业生涯凝练成纯粹的统计数字和胜率仅仅说出了故事的一半。没有人赢得过比他还多的大满贯比赛，或像他一样进入过那么多次大满贯决赛，也没有人在世界排名的最高位置上保持了比他更多的周数或主宰一项运动如此之久。进而，由于数不清的成就像百科全书一样丰富，因此瑞士人就不仅仅是一个统计现象。

观看费德勒的比赛就是在欣赏网球比赛的风格，在一项越来越被力量和身体条件所左右的运动中，费德勒总是用一种过时的复古让我们回到过去那个讲究不太耗费力气的优雅与技术的年代。其他球员可能击球越来越用力、发球越来越强势，但还是没有人能够战胜瑞士人天生的移动能力、对时机的把握和对比赛的想象。这种比赛风格为他在全球赢得了大批的网球粉丝，也使得他成为这个星球上最著名的运动员之一。

“在网球场上，他是最优雅的男人，” 约翰 · 麦肯罗说，“是我见过的打得最优雅的男人。他的移动，加上他的技艺、他的挥拍、他的神情，他让一切都变得很恰当。”网坛传奇比约 · 博格补充说：“罗杰是网球史上最伟大的球员。”

摄于 2016 年在好莱坞举办的第 88 届年度学院奖。优雅的瑞士人已经被广泛看作是男子网球史上最伟大的球员。

费德勒在 2017 年的温布尔登公开赛中赢得了冠军，他直落三盘击败了马林·西里奇，这是他职业生涯第 19 个大满贯冠军，并创纪录地在全英俱乐部拿下这第 8 个冠军。

费德勒的伟大之旅开始于 1980 年代瑞士的巴塞尔。网球并不是他童年时期唯一的运动爱好，直到 12 岁时，他才开始决定把全部精力都投入到家乡老男孩网球俱乐部的球场上，而不是足球场或滑雪道上。木已成舟，一颗新星诞生了。

接下来就是连番在青少年赛事和随后的成人赛事中取得的成功。1998 年夏天，在获得了温布尔登青少年冠军仅仅 24 小时后，费德勒在瑞士开始了他的职业首秀。尽管还没开始庆祝 20 岁生日，但在三年内，他已经在意大利米兰的室内巡回赛决赛中，用胜利庆祝了他的首个 ATP（国际职业网球联合会）冠军。他的排名迅速得到了提升。然后，2001 年，这位少年在温布尔登，在与皮特 · 桑普拉斯的一场五盘大战中战胜了对手，而对手是一个曾七次在中央球场捧起冠军奖杯的网坛传奇。从此，罗杰 · 费德勒就把自己的名字印在了公众的头脑中。

他的大批涌来、打破纪录的 20 个大满贯冠军开始于 2003 年夏天。在这个夏天，瑞士人回到了温布尔登的球场上，并在决赛中迅速击败了澳大利亚人马克 · 菲利普西斯，从而加入了大满贯赛事赢家专用俱乐部。自从在温网获得关键性的胜利以来，费德勒已经 29 次走到了大满贯赛事最后的决赛，并获得了其中的 20 次胜利，在网球运动的历史上，没有球员取得过这样的成绩。在全英俱乐部中，没有人的男子单打冠军数超过他的 8 次胜利，他同时也是现代以来澳网和美网两项大满贯赛事冠军纪录的共同保持者，6 座澳网冠军和 5 座美网冠军。

费德勒辉煌的职业生涯带着钟爱草地和硬地的印记，但在 2009 年，当他第一次在罗兰加洛斯的红土赛场上获得了法网冠军时，他展示了自己的全面性和才华。在赢得了四大满贯之后，瑞士人成了仅有的第 6 位（20 年来的第一人）完成这种充满传奇色彩的大满贯业绩的选手。

在四大满贯之外，他的成绩同样让人惊讶。2008 年，在北京奥运会上，他与同胞斯坦 · 瓦林卡搭档，夺得了男子双打的金牌。他也在 2014 年带领瑞士队第一次赢得了戴维斯杯冠军的荣耀，决赛中，他们在里尔击败了法国队。他在六个赛季的 ATP 年终总决赛上的成功是另一项独一无二的纪录，同时他曾雄踞男子单打世界排名第一达 310 周之久，这也是一项无人打破的世界纪录。

2017 年，费德勒 36 岁了，但与其他运动员在这项无情的、需要强大体力保证的运动中所表现出的最佳对抗能力相比，这位伟大球员的力量和对胜利的渴望从未消退过。虽然曾经在近五年的时间里，他一个大满贯冠军都没拿过，但是他证明了，尽管身体状态不如从前，但优秀是永恒的，这一年，他在赢得了澳网的胜利之后又获得了温网的冠军，成为公开赛时代以来，史上年纪最大的中央球场冠军。

在温网的再次夺冠让他备受鼓舞，而在接下来这一年中他卓越的职业表现也让他远离了退役。在澳大利亚，他打进了决赛，这是瑞士人连续第 19 个赛季来到 ATP 巡回赛的顶峰。

当然，费德勒的故事不会永远继续。在过去的 20 年中，他一直在职业巡回赛中保持着相对较少的伤病，同时相比许多早已退役的同龄人，他滑过球场的能力对身体的磨损已经很小了。但那一天还是不可避免地终将到来，到那时，他终将转身背对着赛场，离开被他用新的方式重新定义的这项运动。所有热爱网球的人们唯一能够期望的就是，那一天不会很快到来。

在费德勒从家乡巴塞尔走向男子网坛顶尖位置并不断打破纪录的过程中，他的家人扮演了不可或缺的角色。

# 1

# 从巴塞尔来的男孩

# 从巴塞尔来的男孩

在获得全球性的声望与财富之前，费德勒在一个叫巴塞尔的并不引人注目的瑞士小城长大。他的童年是在学校、网球场、阿尔卑斯滑雪场和当地的录像游戏厅之间度过的。

1985 年夏天，在罗杰 · 费德勒还没开始庆祝 4 岁生日时，鲍里斯 · 贝克尔因为在温网决赛上的历史性胜利，成为全世界新闻的头条。这位来自德国的非种子选手在温网中央球场的四盘大战中击败凯文 · 库伦时仅仅 17 岁 7 个月零 15 天，成为史上通过逆转获胜的最年轻的选手。

时年 3 岁的费德勒太年幼了，对于贝克尔的那场定义了一个时代的胜利，他没有任何记忆。他最早的网球记忆是三年后，他在电视上观看了魅力非凡的贝克尔在温网决赛中输给了瑞典人斯蒂芬 · 埃德伯格。但贝克尔有感染力的、充满动感的风格还是给费德勒留下了难以磨灭的印象。与同时代的许多人一样，在成长过程中，费德勒也充满感情地崇拜着绰号“砰砰”（Boom Boom）的这位偶像。但是，没几个人预测到，费德勒最后的成就会让他童年时代的偶像黯然失色。

“我父母说，我因为那个决赛结果哭了。”2005 年，费德勒在《时代》杂志的一次采访中说。“至于原因，鲍里斯 · 贝克尔是我的第一位运动偶像，他被击败了。对一个 6 岁的孩子来说，失败就是灾难。而我又怎么能知道，一年后，贝克尔又在温布尔登赢得了他第三个大满贯冠军呢？我也不可能知道，他还将要赢得两个澳网冠军和一个美网冠军。我更不可能知道，在第一次在温网这个世界上最美丽的球场赢得胜利后的五年半，他最终将成为世界排名第一的网球选手。

“贝克尔是所有人都会喜爱的那种选手。他打网球的方式，常常让人惊喜。他在 1985 年第一次赢得大满贯冠军时仅仅 17 岁。贝克尔的比赛气势恢宏。那是一个‘砰砰’的时代，没人能阻挡他。贝克尔与埃德伯格连续三次（1988—1990）在决赛交手是令人难忘的记忆，这些决赛让我想象是自己在比赛，我走到了球场上，一直到今天我所在的位置。”

费德勒的故事，以及他惊人的崛起至网球运动的最高位置的过程，开始于1981年8月他在巴塞尔州立医院的出生，他是罗伯特和勒内特的第二个孩子。罗伯特来自瑞士东北部城市圣加伦，是一名德裔瑞士人。费德勒的母亲是南非人，来自南非豪登省。这对夫妇是在去非洲出差的途中结识的。

他的父母是热情的业余网球选手，也是奇吧网球俱乐部的成员。这个俱乐部是一家私人俱乐部，主要服务于位于巴塞尔的一家化学公司的职员，费德勒的父母都在这家公司工作。年幼的费德勒与父亲、母亲和姐姐戴安娜一起成为了这家俱乐部的常客，还没到4岁，他已经不再仅仅坐在场边观看，而开始在俱乐部特有的红土球场上击球了。

“每当我们去打球时，罗杰就自己拿起球拍开始练习。”他的母亲说，“从一开始他就喜欢这项运动。孩子们必须自己把心思和精神都用在这上面，而不能被妈妈、爸爸、学校或教练强迫来做这个。”

> *“我记得我总是喜欢对着车库门打球，或在橱柜里对着橱柜门击打各种球。我妈妈厌烦透了，因为整天都‘梆梆梆’的。我会连续几个小时地看电视中的网球比赛。所有运动中，我最喜欢网球。网球运动总能让我兴奋，输赢都在我的掌控中。”*
>
> ——罗杰·费德勒

费德勒的父母罗伯特和勒内特催生了费德勒对网球的热情，是他们将小费德勒带到了当地俱乐部的网球场上。

然而在成长过程中，网球并不是费德勒唯一热爱的运动，羽毛球、篮球、壁球、乒乓球等都曾吸引过他的注意，他还曾在巴塞尔康考迪亚足球队踢过足球。他还是一名技术颇为不错的滑雪运动员，在瑞士阿尔卑斯山的滑雪场上同样技艺娴熟，而同时，他在网球场上越来越得心应手。

在各种不同的运动中，常见的情况是，那些进入世界顶级行列的运动员常在很小的年纪就表现出早熟的内在能力。无论哪种球拍在手，费德勒天生的手眼协调能力已经显现得很明显了，对网球运动来说，这是一种能够帮助他赢得最终胜利的天赋。6 岁时，费德勒已经被邀请与巴塞尔当地的一个运动队每周进行三次训练了，而这一举动让他走上了伟大的运动之旅。

在本地训练的这段时间，费德勒遇到了同样来自巴塞尔的男孩马科 · 基乌迪内利，他是费德勒未来打戴维斯杯的队友，他们很快成了朋友。年轻的小哥俩一起前往巴塞尔的施泰宁沃斯塔特地区他们最喜欢的游乐中心，并把他们共同的热情投入到电子游戏中。他们第一次互为对手是 8 岁时，在阿勒斯海姆，他们在多喜杯的一场充满竞争的比赛中站在了网的两边。

“那个时候，我们仅仅打了一场有九局的长盘比赛，”基乌迪内利说，“从一开始，情况对我就有点不妙。我在 2 ∶ 5 落后时开始哭了起来。那个时候，我们哭了很多次，甚至在比赛中也会哭。在换边时，罗杰走到我身边，尽力安慰我。他告诉我，一切都会好的。事实上，事情确实变好了。我 7 ∶ 6 取得了领先，并注意到，场上的情势发生了变化。然后他开始哭了。我走上前去鼓励他。对他来说，事情确实开始变好了。那是我唯一一次击败他。在训练中，我能击败他，但随后再在比赛中相遇，他就会痛击我。从那个时候开始，他就是真正的竞争对手。每次一到正式比赛，他都能摇身一变，变成一个完全不同的人。我很欣赏他这一点。”

在费德勒开始打多喜杯这一年，他告别了奇吧俱乐部，加入了另一个新的俱乐部——巴塞尔的老男孩俱乐部。这一转变让他与俱乐部常驻负责人、职业选手阿道夫 · 卡库维斯基产生了联系，在 10 岁前，他每周都在俱乐部接受这位被会员们称为“塞普利”的男人的一对一训练。在他们在距离俱乐部会所最远的五号球场一起训练的那些日子里，年轻的费德勒给卡库维斯基留下了直观的印象。

“我马上就注意到，这个小家伙是一个天才。”卡库维斯基说，“他好像生来手中就握着球拍。俱乐部和我很快意识到，他非常有天分。我们开始让他上私教课，这些课程部分是由俱乐部赞助的。罗杰学得非常快。当你准备教他点新东西时，他试过三四次后就能掌握，而其他人则需要数周的时间。我会告诉他如何击球，他马上就能学会。罗杰一直有做职业网球运动员的梦想。他告诉过我，他要成为世界第一。我做了 40 多年的网球教练，从来没见过这样有天分的选手。在那时，罗杰就是优异的。我曾以为，他或许会成为瑞士或欧洲最好的选手，但不会是世界上最好的。他一直把那个目标记在自己的心里，并为此而努力。”

1993 年，在费德勒 12 岁时，他对网球运动的投入显著加大了，他把足球袜挂在了一边，开始集中精力于网球运动。同年，他第一次接触到了正规网球比赛，他被选为瑞士室内冠军赛的球童，这个比赛在圣雅各沙拉球场举办，距离小费德勒在巴塞尔沃森豪斯区的家有 30 分钟的步行距离。

这项比赛最后的决赛在 1991 年温网冠军得主、德国人迈克尔 · 施蒂希与当时的五个大满贯冠军得主埃德伯格之间进行。瑞典人埃德伯格在职业生涯中曾三次获得这项赛事的冠军，但他没能凑齐第四个冠军，因为施蒂希用四盘比赛摧毁了他的夺冠道路。这项赛事有个传统，就是新任冠军要给每个球童一枚奖牌，以纪念他们的工作。与刚刚获胜的德国冠军会面的画面是这个年轻人即将开始的一举成名的职业生涯的预演。

1994 年，费德勒又回到了瑞士室内赛，重新开始他的球童工作。四年后，他以运动员的身份穿过了圣雅各沙拉球场的大门，第一轮，他在家乡人民一边倒的支持下站在了安德烈 · 阿加西的对面。那位鲍里斯 · 贝克尔恰巧是那项赛事的 32 强之一。

在国内巡回赛中，在时常变幻莫测的青少年时期，费德勒在瑞士青少年选手中自信地建立起了领导者的地位，并具备了未来夺得大满贯冠军的潜能。

# 2 不断攀升的青少年排名

# 不断攀升的青少年排名

在决定未来发展并经常变化无常的青少年时期，费德勒做了一个改变其一生的决定，他离开了巴塞尔的家人和朋友，去追寻在职业网球领域立足的梦想。

1993 年对罗杰·费德勒来说非常重要。他在瑞士室内赛中的球童工作让他有机会近距离观看这项运动中那些最伟大的运动员比赛。然而，真正促进他发展的是那些关心他的比赛和进步的人。随着时间的流逝，费德勒没有让他们失望。

1993 年，12 岁的费德勒赢得了两项瑞士国内赛冠军，让人们看到了他快速成长的潜力。到 14 岁时，他已经戴上了瑞士国内青少年组的桂冠，并进入了在佛罗里达州比斯坎举办的橘子碗的半决赛，这是一项颇有声望的比赛。这个时候，费德勒在瑞士网球圈刚刚有了一些名声，但他职业生涯的下一个阶段却是从痛苦中开始的。

1995 年，费德勒被邀请加入位于洛桑附近埃库布朗的瑞士网球学校，这个地方位于巴塞尔以南 193 公里的地方。这个改变要求他一周离家五天，他的家人担心 14 岁的费德勒会想家。然而，费德勒知道，与这个国家中最好的运动员一起训练、对抗的机会是他无法拒绝的。

"我们是一个关系亲密的家庭。但罗杰很早就决定，要离开家去打网球。"费德勒母亲勒内特说，"我们从来不强迫他做任何事，我们让他自己发展。在他年纪还很小的时候，他就自己做了很多重要的决定，这对他的成功来说至关重要，因为他必须学会怎样为自己负责。他学着变得非常独立。"

在打包行李之前，费德勒的父母组织全家去澳大利亚度了一次假。很快，十几岁的费德勒就将往返于巴塞尔和他在埃库布朗的寄宿家庭——克里斯内特家。"我记得与我父母享受过一次美好的旅行，那时我 14 岁，还没进入网球中心，

费德勒在 16 岁时获得了瑞士 18 岁以下年龄组的冠军。1997 年他又在意大利托尔内奥赢得了颇有声望的格拉迪斯卡国际邀请赛冠军，他正在增长的声望得到了进一步加强。

去澳大利亚那次从任何一方面来说都是一次重要的旅行。”费德勒说，“我记得我和姐姐、父母去了东海岸，去了悉尼、昆士兰、卡恩斯，还去了大堡礁。那之后，我的人生就有了些变化，我越来越像职业网球选手一样严肃。从 14 岁到 16 岁，我每个周日晚上六点离开家，然后周五再回来，这就像是乘两小时的火车离开去打一场巡回赛，还是挤在一群乘火车上下班的人群中。”

这场被迫进行的迁移给年轻的费德勒带来了挑战，他必须尽全力适应远离父母和姐姐的生活，在从瑞士的德语区搬迁到法语区的过程中，他也必须面对语言障碍。

“他离开我们去了埃库布朗，这是一种折磨。”巴塞尔老男孩俱乐部的青少年项目主管玛德琳·贝洛赫尔说，“所有人都喜欢他。这对他来说也很难。他妈妈告诉我，在那儿的整个第一个月，除了哭，他什么都做不了。”

内在情感的坚强帮助他度过了青少年时期这段动荡

在戴维斯杯的活动中，费德勒与伊夫·阿勒格罗在一起，阿勒格罗是他童年时代的朋友，也是他青少年时期在位于比尔的瑞士联合网球学校学习时的室友。

不安的岁月，这种坚强日后成了他在球场上的标志。与队友伊夫·阿勒格罗的友谊是费德勒成功适应新生活的另一个重要因素，伊夫·阿勒格罗是埃库布朗运动队中比费德勒年长三岁的队友，也是未来戴维斯杯一起夺冠的队友。

现在，费德勒的情感越来越稳定了，这位少年雄心勃勃地要成为世界顶级选手，而不是一个刚刚出师的学徒工，对于费德勒周围的人来说，这种雄心越来越显而易见。“我们必须编写一份调查表来表明我们的目标。”阿勒格罗回忆道，“每个人都梦想着进入前100名，只有罗杰想要进入前10，想要成为世界第一。我们都看到了，只有他理解自己正在快速提高，他想要做重要的事。”

然而，还有一个重要的问题。今天的费德勒可能是冷静、沉着的化身，但在十几岁时，他经常要与自己极端不稳定的脾气做斗争，他不能控制自己的脾气，这常常就导致了球场上的情感爆发、发怒和崩溃。事实上，那个时候的他是众多粉丝所崇拜的那个人的反面。

“罗杰(2003年)第一次赢得了温网冠军，然后就开始哭起来，这非常有趣。”教练贝洛赫尔说，“我记得他很小的时候，有一次输了一场比赛，他努力躲在裁判的椅子后面哭了起来，哭了十多分钟都停不下来。那次温网之后我遇到他，对他说，‘过去你为输了比赛而哭，现在你为赢了比赛而哭’。罗杰大笑起来，我提醒他想起了往事。”

费德勒的母亲同样意识到，对她的儿子来说，球场上的那些失败是难以承受的，“这是他成长过程的一部分。”在2005年《电报》杂志的一次采访中，他母亲说，“但是，如果他的行为很糟糕，我们会告诉他这是不好的，这让我们很失望。我们经常说，‘加油，罗杰！控制你自己！振作起来！’他说不记得自己打网球时哭，但实际上他踢足球时也会哭。我记得我有一次曾经问他，‘输了一场比赛是灾难吗’。但眼泪也正说明了罗杰是多么有上进心，多么坚定地想要成功。”

光哭还好，突然发怒却让费德勒的心理状态变成一个让人担心的循环。他曾经在训练营一怒之下扔掉了球拍，球拍劈开了球场边上的帘子，他因此被罚清洗了一个星期的马桶。费德勒自己承认，在学会控制自己的情感之前，他有时是个糟糕的小孩。

“在球场上，我有段时间很难把自己的行为组织起来，很难举止恰当。”费德勒说，“对我来说，那是一件很难的事。我用你可能想不到的方式把球拍扔了出去。脑子里就像有直升机在盘旋。在我学会在球场上更放松一点之前，

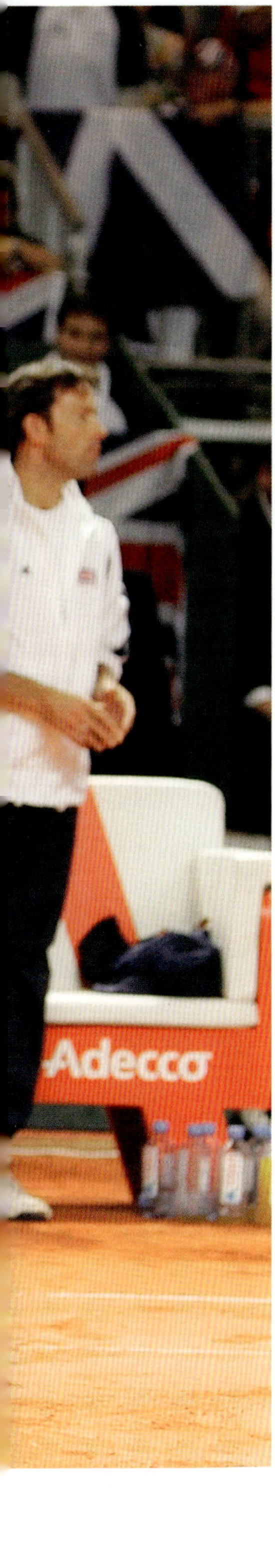


我一直在练习剔除这些不停歇的想法，直到 16 岁。我意识到，扔球拍对我的比赛没什么帮助，这只会让我变得非常消极。”

他的愤怒问题继续让人担心了一段时间，但在他决定跟运动心理学家聊聊之后，他的行为问题得到了明显的改善。“在 1997 年到 1998 年间，我有一次发怒，”费德勒说，“那次更像是愤怒管理问题。从那时开始，这就是我要去做的。我很快就清晰地意识到，从根本上来说，一切都取决于我自己，这不是别人告诉我该如何做，因为我的父母和朋友都告诉过我。其他选手会问我：‘你到底怎么了？’这促使我决定，当我想要那样做、那样说的时候——你知道是哪样——让我们来试试安静版的罗杰·费德勒。”

这个更加谨言慎行的年轻人继续难以抑制地爆发了一段时间。1996 年 7 月，他参加了国际网球联合会少年巡回赛，并获得了瑞士 16 岁以下年龄组的冠军，这一成绩证明了他持续不断的进步。1996 年年底，他在瑞士的排名来到了第 86 位，并因此进入了瑞士网球的 A 级联赛。

接下来的 1997 年，我们见证了费德勒以惊人的速度取得了进步。16 岁时获得了 18 岁以下年龄组的冠军，这确定了他在国内的统治地位。但是在这一年的 5 月，他开始将触角扩展到了意大利赛场上，他赢得了颇有声望的格拉迪斯卡国际邀请赛的冠军。现在，在瑞士之外，其他国家的人开始把他当作未来成人赛事中一个有潜力的冠军人选。

也是在 1997 年，瑞士联合网球学校从东北 97 公里处的埃库布朗搬到了比尔镇。这一转变需要费德勒再次重新开始，但这一次，考虑到他正在不断成长，他的父母认为他已经可以自己居住了，而不需要再跟寄宿家庭一起生活了。“罗杰的父母告诉我，如果自己的儿子能跟年长的选手一起分租公寓，他们会很高兴。”

2005 年，在戴维斯杯世界组的附加赛上，阿勒格罗和费德勒在日内瓦一起配合进行双打，他们帮助瑞士队以 5 ∶ 0 击败了英国队。

费德勒的朋友兼新任合租室友阿勒格罗说，“他们问我是否可以一起合租。”

除了生活安置外，搬到比尔也给费德勒的职业生涯带来了更深远的影响，因为这让他跟澳大利亚教练皮特·卡特重新取得了直接的联系。这位前 ATP 巡回赛选手与未来的瑞士戴维斯杯队长第一次相遇在巴塞尔的老男孩俱乐部，当时费德勒 9 岁。这次重聚后，卡特对费德勒进行了专业的指导，帮助他提升最初徘徊不前的职业排名。

1997 让路给 1998。费德勒即将进行成人赛事的职业首秀。在跨入男子职业网坛之前的 6 月底，他出现在了伦敦温布尔登神圣的草地上，进行男子青少年单打和双打比赛。1 月份，他已经在澳大利亚公开赛青少年组男子单打比赛中进入了四分之一决赛，他希望在伦敦能够更进一步。

在温布尔登青少年组的男子单打比赛中，16 岁的费德勒排名 5 号种子。在前面几轮，费德勒没有遇到什么麻烦，他横扫了澳大利亚的菲利普·朗格、斯洛文尼亚的安德烈·克拉克曼、法国的杰罗姆·黑内尔之后来到了四分之一决赛。在最后的 8 强中，他在两盘中赢得了两个抢七，战胜了布利特·大卫·舍伍德，之后在半决赛中，他遇到了克罗地亚人洛夫罗·佐夫科。最后，在决赛中，他以两个 6 ：4 击败了来自格鲁吉亚的伊拉克利·拉巴泽，在他职业生涯的众多温网胜利中，第一次品尝到了冠军的滋味。费德勒第一次获得温布尔登的冠军，成功跟进了诸多青少年冠军前辈的伟大足迹，比如斯蒂芬·埃德伯格、帕特·卡什、伊万·伦德尔、比约·博格。除了伦德尔，所有人最后都在随后的职业生涯中获得过温网冠军。

“这就像是昨天刚刚发生的一样。”费德勒在 2018 年告诉 BBC，“进入决赛我很兴奋。那场比赛回到了 2 号老球场，在那里我们有自己的更衣室。坦白说，我更希望在中央球场进行比赛。我记得赛点出现在我的二发上。我很高兴我赢了，即使那时我并不十分清楚那对我意味着什么。我知道那是很重要的一件事，它开启了我获得比赛冠军的梦想。我很骄傲最后自己竟然能进入决赛。”

皮特·卡特在费德勒身边见证了他在伦敦获得的这个冠军。尽管他一直对年轻的徒弟至今为止职业生涯中的最大胜利保持冷静，但毫无疑问，在这场决赛中，费德勒确实表现出了一些决定性的要素。“罗杰在比赛中表现出了非常职业的专注。”卡特当时说，“只是现在他还需要提高一下网前技术。”

然而，费德勒的青少年期并没有结束。在与比利时人奥利维尔·罗丘斯搭档的双打比赛中，尽管在 8 强赛中丢掉了一盘，但这一对搭档最终证明了他们

1998年，费德勒的排名逐渐加速，迅速崛起，当时他在三个大满贯青少年组的比赛中进行了首秀。

1998年，在温布尔登青少年单打决赛中，费德勒击败了来自格鲁吉亚的伊拉克利·拉巴泽，这一胜利帮助他登上了青少年组世界排名第一的位置。

在草地上的无人可挡，他们最后在决赛中以两个6：4战胜了以色列人安迪·莱姆和法国人迈克尔·罗德拉的组合，获得了冠军头衔。

温布尔登的胜利为年轻的天才打开了大门，随着费德勒的成熟，他开始越来越有条不紊地把握这些机会。他开始把目光投向让人畏惧、极其严苛的ATP男子巡回赛的世界，他的青少年时光就要结束了。

> *“对他来说，那是生命中伟大的一课——事情并不总是按照你的方式来发展；如果生命中只有天分，你可能哪里也到不了。你必须为所有事而努力。我知道，对罗杰来说，这些并不总是很有趣，这也不是游戏，很多时候，他并不是很开心。但那种挣扎对他是有好处的。战胜那些起起伏伏对他是一个挑战，挑战帮助他成长为一个人。”*
>
> ——勒内特·费德勒
>
> 谈论儿子所在的瑞士联合网球学校的迁居

2001 年，在温布尔登，费德勒在第四轮的五盘大战中戏剧性地战胜了卫冕冠军皮特·桑普拉斯，这一胜利是他职业生涯至今为止最引人注目的成绩。

# 3

# 职业道路

# 职业道路

在温布尔登青少年组中的胜利让费德勒成为这项运动最炙手可热的年轻希望之一，现在这位少年已准备好继续进行自己的网球教育，准备好去对抗网坛中更大的“怪兽”。

没人会嫉妒罗杰·费德勒对温网的胜利进行一些庆祝。毕竟，那是他职业生涯初期最显赫的成就。尽管16岁的费德勒还太年轻，还不会举着一杯冒着泡泡的东西来致敬自己的胜利，但以某种方式来纪念那个场合没什么不恰当。

但事实上，费德勒甚至没有去参加星光璀璨的传统冠军晚宴，晚宴是在温布尔登赛事的第二个周日举办，就在这一天费德勒在决赛中获胜。赛后，年轻的费德勒意外地出现在飞往他的家乡巴塞尔的飞机上。

他突然离开伦敦的原因是瑞士公开赛在格斯塔德开打了。这项ATP巡回赛周一开始。尽管费德勒的世界排名是702名，远低于参赛的正常要求，但赛事总监决定给他外卡，让他能在温布尔登的胜利之后紧接着就在红土场上进行比赛。还有一个月才17岁的费德勒即将开始他在职业网坛上的首秀。

签表上，费德勒第一轮的对手是德国人汤米·哈斯，但在开赛前11小时对手因病退赛了。结果，费德勒的对手变成了世界排名第88位的红土专家、阿根廷人卢卡斯·阿诺德。故事的开头并不是童话式的，费德勒在家乡观众面前以两个6 ： 4输了。但毫无疑问，这个年轻对手的潜力给阿诺德留下了深刻的印象。“他打得很像皮特·桑普拉斯，”赛后阿诺德说，“他的发球很好。”

费德勒本人对结果很失望，尽管没人期望他能够击败一位经验丰富、世界排名前100且比他年长7岁的选手。“我打得很努力，但是打得却并不好。”费德勒说，“如果我能打得好一些，我就能赢。与青少年选手相比，和职业选手打比赛，你必须跑动得更多，并且你不能犯这么多错误。”

然而，费德勒并没有多少时间沉湎于失败，1998年8月，他来到了美网

青少年男子单打的赛场上。他发现法拉盛的场地与他喜欢的温布尔登草地很像，尽管在四分之一决赛和半决赛中他都打了三盘才赢，但他打到了决赛。在很有代表性的决赛中，阿根廷人大卫·纳尔班迪安显示了他的强大，瑞士人以6 ： 3、7 ： 5 落败。

接下来的一个月，费德勒在他快速更新的履历表上又增加了一个意义重大的事项，他在职业赛场上赢得了自己的第一场胜利，在法国图卢兹网球大奖赛上，第一轮他在法国人基雷姆·鲁克斯自己的主场击败了对手。10 月，他又回到了自己熟悉的环境中，再次持外卡参

1998 年夏天，17 岁的费德勒成为在格斯塔德举办的瑞士公开赛的主角，然后他逐步转入职业网坛。

加了在巴塞尔举办的瑞士室内赛。在圣雅各沙拉，他被网坛传奇安德烈·阿加西击败，一共只拿到了 5 局，但从多次大满贯冠军得主那里获得的经验是无价的。

费德勒的 1998 年还有一个意义重大的里程碑。12 月，在决赛中击败奎勒莫·科里亚之后，他在佛罗里达赢得了“橘子碗”，成了非官方的青少年世界冠军。1998 年年底，他的青少年排名来到了世界第一，职业排名在 300 开外。

到 1999 年年底，费德勒在职业选手中的排名已经上升了到 64 位，在前 100 的排名中，他是最年轻的。但这一年，对费德勒来说，更值得纪念的是在戴维斯杯和大满贯比赛上的首秀。来自巴塞尔的 17 岁少年开始周旋于网球的上层圈子，尽管相对来说还是个新手，但很明显，用不了多久，他就能在重大比赛中取得重要进展。

1999 年 4 月，费德勒代表瑞士队来到戴维斯杯，他们进入了世界组。在纳沙泰尔的室内球场上，他们的对手是意大利队。在揭幕战中，费德勒以 6 ∶ 4、6 ∶ 7、6 ∶ 3、6 ∶ 4 战胜了经验丰富的戴维德·桑吉内蒂。在第二次出战时，尽管他输给了吉安卢卡·波奇，但他所挽救的宝贵分数帮助瑞士队 3 ∶ 2 获胜，他们进入了四分之一决赛。

接下来的一个月，我们看到费德勒人生中第一次参加了成人大满贯比赛，他来到巴黎，在法网的罗兰加洛斯球场进行比赛。他在第一轮的四盘大战中输给了澳大利亚人帕特·拉夫特，但这只是他与大满贯赛事长期交情的开始。1999 年，在温布尔登的正赛中，世界网坛第一次惊艳地发现了瑞士人，转折时刻戏剧性地出现在第一轮结束时，在史诗般的五盘大战中，费德勒逆转战胜了捷克人吉日·诺瓦克。

在接下来的 2000 年，费德勒在澳网和美网都进行了首秀，并且他在悉尼奥运会上打到了半决赛，进一步提高了自己在国际舞台上的声望。同样是在悉尼奥运会上，在比赛中，费德勒第一次遇到了米尔卡·瓦里尼奇，她是瑞士女队单打和双打队员。两人在悉尼成为一对，九年后，他们在费德勒家乡巴塞尔附近的里恩结婚。

在奥运年，费德勒也结束了与教练皮特·卡特的工作关系。填补空位的是瑞士网球联合会雇员瑞典人皮特·朗德格伦，新教练将用新视角来帮助他在已经让人印象深刻的进步之基础上提高。这一对师徒的目标是 2001 年。费德勒当时的世界排名已经来到 29 位，在 19 岁的年龄就来到这样高的位置已经超越

十几岁的费德勒用夺得在佛罗里达举办的“橘子碗”的方式圆满结束了壮阔的 1998 赛季，他在决赛中击败了阿根廷人奎勒莫 · 科里亚。

常人了，但现在他期望的是为取得更大进步做好准备。

2001 年一开始就显示出了积极的迹象，在澳大利亚霍普曼杯上，年轻的费德勒与玛蒂娜 · 辛吉斯搭档，获得了一场毋庸置疑的真正胜利。随后，在 2 月的米兰室内赛上，费德勒获得了人生中第一个 ATP 冠军头衔。在击败重量级的戈兰·伊万尼塞维奇和耶夫格尼·卡费尔尼科夫之后，费德勒来到了决赛，并在看台上父母的见证下击败了法国人朱利安 · 布特，自此加入了由 ATP 冠军组成的精英俱乐部。从 2001 年到 2018 年年底，杰出的瑞士人令人难以置信地、破纪录地 150 次进入了 ATP 巡回赛的决赛。

在米兰的荣光只是初次品味即将到来的各种荣誉。在法网上，费德勒职业生涯第一次来到了大满贯的四分之一决赛。接下来的一个月，在温布尔登赛场上，他再次获得了同样的战绩。然而，2001 年他在温网中吸引着新闻头条的表现并没有超越在法网的成绩。

在温布尔登，第一轮，费德勒三盘轻松击败了比利时人奥利佛 · 罗切斯。第二轮，经过五盘比赛，另一名比利时人泽维尔 · 马里瑟被送回了家。瑞典人

1999 年，费德勒首次出现在罗兰加洛斯和温布尔登的正赛中，接下来的赛季中，瑞士人在澳大利亚公开赛和美国公开赛中进行了亮相。

2001 年年初，费德勒获得了职业生涯中第一个 ATP 冠军头衔，当时他在米兰室内巡回赛的决赛中战胜了法国人朱利安 · 布特。

约纳斯·比约克曼成为费德勒下一个手下败将，同时费德勒挺进了16强。毫无畏惧的费德勒坚定地保持着前进的势头，但在他和一个8强席位之间还隔着皮特·桑普拉斯——七次温网冠军，也是卫冕冠军，同时还是12个大满贯冠军得主，以及主宰了男子网坛近10年的一位选手。在温网草地上，已经五年没人能够击败前世界第一、美国人桑普拉斯了，他已经连续获得31次至高无上的胜利，并且在29岁时，桑普拉斯仍处于其运动能力的顶峰。许多人预测，费德勒将是桑普拉斯前进道路上用来牺牲的羔羊，但他没有屈服于桑普拉斯家喻户晓的残暴发球和力量，年轻的费德勒坚定地站在了球场上，在经过不可思议的3小时41分钟大战后，网球继承人费德勒明显看到了面对中央球场之王的胜利曙光，这传递出了男子网坛将发生结构性改变的信号。

第一盘，瑞士人在抢七中9 ∶ 7获胜，但第二盘，桑普拉斯重整精神，通过一次破发7 ∶ 5取胜。第三盘，费德勒以6 ∶ 4获胜，然后卫冕冠军在另一次抢七中拿下第四盘，这让拥挤的中央球场兴奋不已，比赛进入了第五盘。当费德勒以令人难以置信的竞技状态和每天在球场上所展示出的准确回球破了桑普拉斯一个大力发球时，决定性的时刻到来了，他给了桑普拉斯致命一击，他的一个雷霆正手砸在了边线上，以7 ∶ 5赢得了这一盘和整个比赛。年轻的费德勒没能控制住眼泪，因为他知道这一成就的重要性。同时，桑普拉斯离开了球场，开始苦思冥想10年来在温布尔登的最早出局。

“你知道，伟大的东西并不会永远都伟大。”桑普拉斯说，“今天，我进入状态有点慢。现在很多年轻人都成长起来了，但罗杰格外特别。他很好地、全方位地掌控着比赛，并且像我一样没有太情绪化，所以你不能不对他大加赞扬。在这里，我进行过很多势均力敌的比赛，去年的决赛就是其中一场。幸运的是，长年累月下来，我已经学会尽力打出精彩的好球，但这一次，我打出的是坏球。与罗杰做对手，我有自己的机会，但是没能转化成分数。相反，他在关键时刻打得非常好，这对草地比赛很重要。我为恢复状态准备了很多年，我打网球是因为我想要在这些重要赛事中比赛，我没有理由恐慌，没有理由觉得我没法回来了，没法再在这儿赢球了。”

这场比赛之后，《纽约时报》的头条报道是“温布尔登球王桑普拉斯被废黜”，并且，尽管桑普拉斯本人很乐观，但“手枪皮特”再也没能在温网获胜。费德勒已经生生地结束了巡回赛中曾经最伟大的冠军至今为止的统治。

“对皮特·桑普拉斯来说，温布尔登的时间在下午6点20已经停止了，更

2001 年，还没开始庆祝 20 岁生日，瑞士人来到了温布尔登，他第一次在全英俱乐部第一轮轮空。

准确地说，是昨天下午 6 点 20。”《卫报》说，“在长达八年的几乎全面的统治之后，七次温网冠军得主缓慢地、疲倦地收起了他的球拍、球衣、毛巾，背起了黑色的网球包，缓慢地远离了那个击败他的人。他在温网的第四轮，以 7∶6、5∶7、6∶4、6∶7、7∶5 输给了 19 岁的瑞士人罗杰·费德勒。这是瑞士人在中央球场的首秀，在上周之前，他还没赢过任何一位冠军得主。

“这并不是一个偶然事件。三年前，费德勒是青少年世界第一，他被广泛认可为是这一代年轻球员中最有天赋的一个，并且，他的世界排名已经来到第 15 位。但这仍是一场非凡的胜利，费德勒持续地表现出了杰出的状态，1993 年桑普拉斯在这里表现出了同样的状态，那是他第一次赢得温网冠军。”

虽然在随后的四分之一决赛中，被英国本土宠儿蒂姆·亨曼击败有点让人扫兴，但这个年轻人还是在轻松愉快的情绪中离开了伦敦。即使剩下的比赛受到了腿伤的影响，最终使他没能在备受尊崇的 ATP 年终大师杯上进行首秀，

> *“许多朋友和选手都告诉我说：‘今年，我觉得你真的能够打败他。’到目前为止，这一年我打得很好，比以往都要好。我知道我有机会。但并不是有百分百有把握的机会。我的意思是，他非常擅长草地比赛。当然，这有点让人难以置信。我知道要赢得比赛不会很轻松。我很满意自己今天的表现，从第一分到最后一分。有时候，我觉得这像是做梦。”*
>
> ——费德勒回顾
>
> 2001 年温网战胜皮特·桑普拉斯的比赛

Slazenger

在中央球场上对阵桑普拉斯的史诗般胜利确定了费德勒未来冠军的资质，而温网七冠王得主桑普拉斯被剥夺了桂冠。

费德勒还是以令人安慰的成绩结束了这一年，年终职业排名为第 13 位。

让人伤心的是，2002 年对费德勒个人来说是悲剧的一年，在球场上也是高高低低挫折不断。这一年，费德勒获得了三个 ATP 冠军头衔，但是在大满贯赛场上却没能给人留下深刻的印象。最让人失望的是，在温布尔登，在第一轮就直接丢掉三盘，输给了克罗地亚人马里奥 · 安西奇。尽管如此，11 月，他还是第一次获得了参加在上海新国际展览中心举办的大师杯的资格，并来到了半决赛，最后输给了该年度年终总冠军、澳大利亚人莱顿 · 休伊特。

2002 年费德勒的球场表现也被 8 月初他的前教练意外去世的消息蒙上了巨大的阴影。皮特 · 卡特是他的前教练、导师、朋友，在南非的一次车祸中意外去世。费德勒当时在多伦多参加大师杯系列活动，他被告知年仅 37 岁的前教练过早去世。这件事深刻地影响了这个年轻人。在他的下一场比赛中，也就是在加拿大的第三轮双打比赛中，他戴上了黑色袖章来纪念卡特，但仍能看出来，他还是很难接受这一消息。“从我还是小男孩的时候开始，我们就在一起待了很长时间。”在赛后采访中，费德勒说，“我每天看着他长大。这太糟糕了。他还那么年轻，并且这太让人意外了。皮特是个冷静的人，但又很有趣，带着澳大利亚人特有的幽默感。我从来没给他足够的感谢，感谢他给我的一切。感谢他让我有了整套技术和冷静。”

费德勒需要时间来恢复，但 2003 年他又重整旗鼓了。尽管还在承受着失去卡特的心碎，但在这一年中费德勒表现出了令人难以置信的潜力，这是他的前教练在 10 多年前就已经清楚预见到的。

2002 年，费德勒第一次出现在了在上海举办的 ATP 年终总决赛中，在半决赛中，他输给了世界第一莱顿·休伊特。

费德勒是温布尔登历史上最伟大的男子选手，他与这项四大满贯中最古老赛事的“恋爱”已经持续了20年。

# 4 大满贯荣耀

# 大满贯荣耀

没有人获得过比费德勒更多的大满贯男子单打冠军头衔，2003 年是见证瑞士明星开始史无前例、无法阻挡地冲向不朽的体育精神的一年。

在网球运动中，伟大最终是要通过大满贯冠军数来衡量的。ATP 冠军头衔数、排名分数以及戴维斯杯成就和奥运奖牌数，这些纪录被很多世界级别的选手改写过，但是真正要认证一项运动的传奇选手，大满贯比赛的胜利数字是必需的一项指标。2003 年伊始，费德勒距离这项职业认证还很遥远，尽管在刚 21 岁时他的世界排名就已经来到了第 6 位，但他还没赢过四项大满贯赛事中任何一项的四分之一决赛。

2003 年开始，费德勒在澳网打出了一个令人尊敬但又有点失望的成绩——进入第四轮，而法网又一次成为令人不快的猎场，费德勒在第一轮跨越障碍时就失败了。现在，草地赛季成为他取得重大突破的最大希望。6 月初，他刚在在德国举办的哈雷公开赛中赢得了冠军，他重新带着乐观的情绪来到了温网。

最初几轮，费德勒的比赛都很平稳，但在第四轮，在战胜菲里西亚诺 · 洛佩兹的过程中，他的背部受伤，这给他在温网的前景投下一丝阴影。他很快就恢复了，先后战胜了荷兰的岑 · 沙尔肯和五号种子、美国人安迪 · 罗迪克进入了决赛。这是费德勒职业生涯中第一次出现在大满贯决赛中。他在中央球场上的对手是身高 6 英尺 5 英寸（约 1.96 米）的澳大利亚人马克 · 菲利普西斯，网坛中拥有最大力、最具破坏性发球的选手。

最重要的是，费德勒打出了一场接近完美的比赛。费德勒用运动员的沉着冷静来应对菲利普西斯的大力发球，同时自己也发出了一些“榴炮弹”，澳大利亚人无法应对对手的移动和优异的落地抽球表现。最后，费德勒以 7 ：6、6 ：2、7 ：6 成为赢家，赛点之后，整个中央球场起立，欢庆新的冠军诞生了。

“他或许不是一个国家所有 17 岁年轻人的代表，就像鲍里斯 · 贝克尔赢得他的第一个大满贯时也一样，”克里斯托弗 · 克拉雷在《纽约时报》上写道，“他或许没有展露出类似比约 · 博格的北欧人的神秘，或约翰 · 麦肯罗那样的大嘴巴，但费德勒的网球有一些充满魔力的东西，一种平滑的移动与创造性的思考、圆融的得体及可能切断边线的力量相融合的吸引力。”

费德勒的表现给所有见证那场胜利的观众留下了长期的印象，尤其是 BBC 网球记者乔纳森 · 奥弗伦。“我记得决赛中的一个球，就像是昨天刚发生的一样，”他写道，“那是一个发球线附近的网前半截击球，他从底线用自己特有的流畅的方式滑到了网前。你本期望他放一个小球，也可能是一个过网急坠球，但他带着很多上旋打了一个穿越。按理说，那个球本应全速击打后板，但他却让球上上下下，形成了一个制胜分。我以前从没见过，那之后也从未看过那样的击球。”

这次胜利确认了瑞士人的时代真的已经到来了，他非常成功地结束了这一年，年底在击败安德烈 · 阿加西之后，他第一次在休斯敦赢得了大师杯桂冠。在赛季结束时，他的排名已经来到了非常高的世界第二的位置，他把未来的目标放在稳固自己作为巡回赛新人的位置。

2004 年，费德勒的第一项任务是澳大利亚公开赛。很多评论员相信，费德勒会轻松地赢得比赛。事实证明他们是对的，费德勒轻而易举地开始了在墨尔本公园的半决赛首秀。他令人信服地战胜了四强中的西班牙人胡安 · 卡洛斯 · 费雷罗，这只不过是强化了这一信念——在澳大利亚，瑞士人的时代已经到来。

有两个原因使得这一胜利意义重大。首先，它首次把费德勒送入了墨尔本的决赛。同时它也确定，当新的世界排名公布时，费德勒将成为新任世界第一。他将不可思议地连续占据这一位置达 237 周，直到 2008 年 8 月。自从 1974 年引入排名以来，在 ATP 排名史上，以前没有，之后也没有任何一位运动员曾经接近这一打破纪录的成绩。

在决赛中，费德勒的对手是马拉特 · 萨芬。在四分之一决赛中，萨芬打败了头号种子罗迪克，在半决赛中，他又击败了卫冕冠军阿加西。事实上，接踵而来的经典比赛更像是按部就班的程序，而不是恐怖电影，因为费德勒从头至尾地主导了比赛。2 小时 15 分钟之后，在罗德 · 拉沃尔球场上，费德勒以 7 ： 6、6 ： 4、6 ： 2 击败了萨芬。费德勒首次成为澳网冠军，现在他已经两个大满贯冠军在握。

2003年，费德勒在温网决赛中击败了澳大利亚人马克·菲利普西斯，获得了定义时代的职业生涯中的第一个大满贯冠军，费德勒难以控制自己的情绪。

“赢得澳大利亚公开赛和成为世界第一感觉就是梦想实现了。”费德勒说，“当我离开那儿时，我仍感觉自己好像生活在比赛中。我感觉，当对手准备击球时，我准确地知道球的角度和旋转。那是一个非常大的优势。总是能赢得比赛的感觉也很重要。”

约翰·帕森斯在《每日电讯报》上写道：“如今，费德勒被公认为完全掌控了网球比赛。当费德勒加快了节奏、收起那些灾难性的正手时，就足以巩固他世界第一的位置。这也使约翰·麦肯罗相信，费德勒已经优秀到可以成为自 1969 年罗德·拉沃尔之后，第一个能在同一年赢得全部四个大满贯冠军的人。”

这年夏天，在温布尔登，费德勒再次霸气地横扫了所有对手，以仅失两盘的战绩重回决赛。决赛中，站在中央球场上的对手是一张熟悉的面孔——二号种子罗迪克。罗迪克早早控制了比赛的进程，第一盘以 6 ： 4 获胜，并在第二盘率先破发。在这场受到阴雨天气影响的比赛中，卫冕冠军命悬一线，但是在经过两次因恶劣天气造成的暂停之后，费德勒重新找到了自己的节奏。在第四盘挽救了自己的六个破发点之后，费德勒控制住

23 岁的瑞士人用第二个大满贯冠军开启了 2004 年，在墨尔本，他在澳大利亚公开赛的决赛中击败了马拉特·萨芬。

2004 年，费德勒重回全英俱乐部，他成功卫冕，在决赛中用四盘击败了美国人安迪 · 罗迪克。

了自己的神经，以4 ：6、7 ：5、7 ：6、6 ：4取得了胜利。就像一年前在这里做的那样，他用一记ACE球成功捍卫了自己的冠军头衔。在卷走了第二个温布尔登冠军之后，费德勒眼含热泪地跪在了草地上。这一胜利标志着一个纪录的开始：在随后几年，费德勒连续23次进入了大满贯的半决赛，连续36次进入四分之一决赛，其中19次进入决赛，并夺得了14个大满贯冠军。

紧接着就是美国公开赛。尽管在四分之一决赛中，费德勒用了五盘才战胜了阿加西，但当他通过第一次进入美网决赛继续了在不同球场上的出色表现时，没有人觉得惊讶。在法拉盛的硬地上，费德勒面对的对手是莱顿·休伊特。两人的交手记录显示，这是一场势均力敌的比赛。尽管在本赛季，在早前的澳网和温网上，费德勒都击败了对手，但澳大利亚人休伊特是未失一盘进入决赛的，同时还保持着一个16连胜的气势，对阵费德勒则保持一个8 ：5的胜率。

然而，统计数字是会误导人的，在纽约的决赛中，费德勒大刀阔斧地摧毁了对手。第一盘只用了18分钟，瑞士人就以6 ：0拿下。尽管第二盘休伊特重振精神将比赛拖到了抢七，但他还是输掉了。而第三盘就像是一条单行道，费德勒再次拿下全部6局而对手一局未得。现在，费德勒又把美网冠军头衔添加在他迅速拉长的冠军清单上了。

“直到以两个6 ：0击败与自己同为23岁的休伊特，费德勒才最终把名字留在了记分牌上。”斯蒂芬·博尔利在《卫报》上写道，“并不是休伊特打得太糟糕，而是费德勒的状态太好了。休伊特与费德勒半决赛的对手蒂姆·亨曼一样，都竭尽全力了，但其他所有人与费德勒的水平明显不在一个层级。”

这种摧枯拉朽式的比赛意味着费德勒成为第10个在一个自然年中赢得三个大满贯冠军的人，并成为自

为了2004年的美网，瑞士人来到了法拉盛，他的目标是夺得本年度的第三个大满贯，也是他在纽约的第一次胜利。

16 年前受人尊敬的瑞典人马茨·维兰德之后第一个完成赛季帽子戏法的人。这一胜利也意味着瑞士人成为网球史上第一个在自己的前四个大满贯决赛中就赢得冠军的人。

23 岁的费德勒在 2004 年也收集了其他一些赛事的奖杯，他在休斯敦成功卫冕了自己的大师杯冠军头衔，并在决赛中再次粉碎了休伊特的希望。他的胜利还创造了更多历史。在公开赛时代以来，还没有球员在赢得三个大满贯的同

FUJIFILM
American Express

美网决赛中，费德勒的对手是莱顿·休伊特，他直落三盘将 2001 年美网冠军打发回家，并成了 16 年里第一位在同一个赛季赢得三个大满贯冠军的网球选手。

一年还赢得年终总决赛。在这一年的12个月中，费德勒最后赢得了11个冠军，这是20年中男子球员的最好成绩，全年在单打比赛中74次获胜、只有6次落败的成绩也是自1986年伊万·伦德尔之后最有效率的战绩。

整个网球界都满怀期待地等待着2005年的到来，想要看看费德勒将怎样主导一个非凡的赛季，但在走入球场之前，还有一则费德勒聘请了新教练托尼·罗切的消息。自从2003年与皮特·朗德格伦分手以来，瑞士人一直没有全职教练，他希望澳大利亚人罗切的到来能够提高他在红土上——他唯一真正需要掌握的球场——的表现。托尼·罗切是1966年法网冠军得主，同时曾四次进入大满贯决赛。

在这一年年初，费德勒丢掉了澳网冠军头衔，在半决赛马拉松式的五盘大战中，他输给了马拉特·萨芬。但是，所有担心他2004赛季只是昙花一现再难复制的人在接下来的三个大满贯比赛中消除了疑虑。在法国公开赛上，他并没能取得一直渴望的罗兰加洛斯冠军头衔，但是他第一次在巴黎进入了半决赛，然后输给了最后获得冠军的拉法·纳达尔。这只是两个伟大对手的第三次交锋，并且是第一次在红土场上相遇。

然而，回到温布尔登，一切又都像往常一样了。只有德国人尼古拉斯·基佛从卫冕冠军手中拿走了一盘，最后瑞士人进入了决赛。在决赛中，费德勒再次面对罗迪克，这次比赛是2004年那场决战的复制，让人有了一种不可抗拒的似曾相识感。在之前的9次相遇中，美国人罗迪克输掉了其中的8次。当在决赛中，在不到两个小时的时间内，再次以6：2、7：6、6：4输给对手之后，美国人有理由厌恶对手的胜率。单在一边倒的开盘中，费德勒就轰出了15个制胜分，对罗迪克来说已经毫无退路。

连续三个温网冠军足够让人感觉幸福，这个冠军也使23岁的费德勒成为公开赛时代以来，继网坛传奇皮特·桑普拉斯和比约·博格之后，第三位连续三年赢得同一项大满贯冠军的选手。

“我无法要求更多，但他有理由成为最好的，他也配得上这荣誉。”罗迪克承认，“从两年前他在半决赛中击败我开始，他就已经成为最好的网球选手。从那时开始，他已经提高了很多。他可能已经接近于无人能敌。我感觉自己打得还不错，统计数字也没那么难看，但我还是三盘落败。没什么可争论的，他是史上最好的。我知道历史上没多少人能够击败他。”

8月，费德勒成功卫冕了美网冠军，与在温网中一样，表现得让人非常放心。

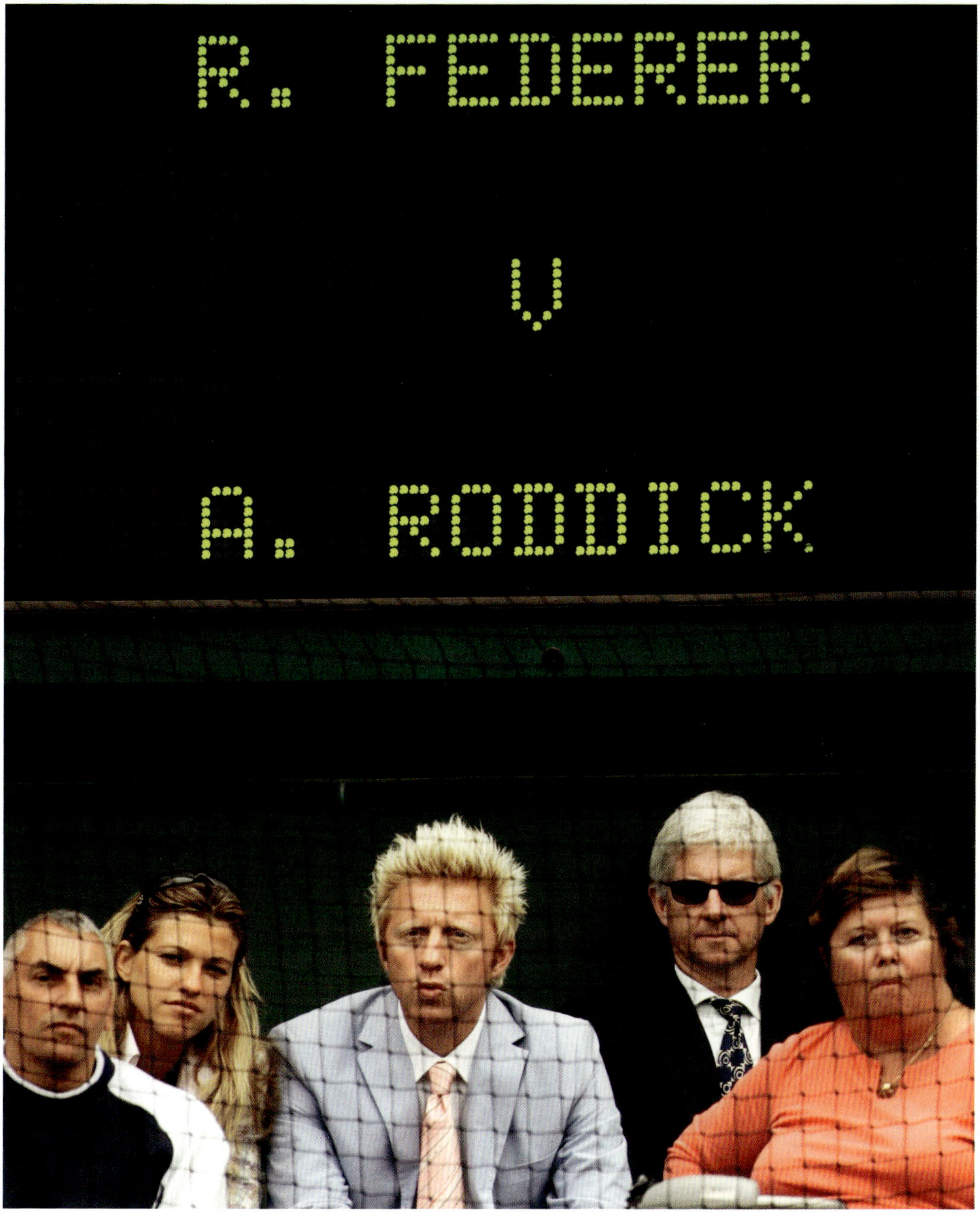


2005 年，费德勒童年时期的偶像鲍里斯 · 贝克尔来到了温布尔登的中央球场，见证他战胜罗迪克，获得了第三个温网冠军。

没有对手真正地威胁到他，让他在法拉盛硬地上的前进偏离轨道。在决赛中，本土宠儿阿加西进行了反抗。35 岁的拉斯维加斯人是自 1974 年肯 · 罗斯沃尔以来年纪最大的进入大满贯决赛的选手（这一纪录随后将在 2018 年由费德勒本人打破），但他是履历表中有 8 个大满贯冠军头衔的人物，并且是难以企及的全满贯得主，他有资格向世界第一提出挑战。

在费德勒 6 ∶ 3 拿下第一盘之后，阿加西 6 ∶ 2 拿下了第二盘，挑战恰逢其时。第三盘，美国人有一次破发，但是卫冕冠军很快就消除了威胁，并赢下了随后的抢七。第四盘也是决胜盘，费德勒以 6 ∶ 1 结束比赛。这个胜利让费德勒的大满贯冠军数达到 6 个，这个成绩追平了他童年时的偶像鲍里斯 · 贝克尔和斯蒂芬 · 埃德博格的冠军数。

“我认为罗杰是跟我比过赛的对手中最好的一个，”输掉了闪亮的职业生涯中最后一次露面大满贯决赛的比赛后，阿加西说，“看着他一步一步崛起就非常棒。没有任何办法。和其他球员比赛，你会有一个安全区域。对阵罗杰，无论你用什么办法，他都有对策。他用一种我以前从来没见过的方式比赛。并且，他能一遍又一遍地做出来。在比赛中，有那么一个阶段，你就像对着障碍物在打，但他的选择总是比其他人更好。他能在任何一个点上伤害你。与他交手的压力不同于其他任何人，你要做别人做不到的事。罗杰总是让你在危险的边缘打比赛，你必须打出从未打过的最疯狂的网球才可以。”

*“我向所有人证明了，那是一个很大的解脱，因为会有来自各方的压力，尤其是自己给自己的压力，我要在大满贯中做得更好。我知道有机会赢得比赛，我也总是相信自己。在半决赛和决赛中，我保持了较高的水平，毫无疑问，捧起奖杯是我的梦想。当挣扎着完成*

*比赛时，我需要一点运气，就像我的后背那样。我处于巨大的痛苦之中，挣扎着去发球、回球，甚至挣扎着坐下。不知道为什么，我待在那儿，但是在某个点上，我觉得自己赢不了比赛。”*

—— 在赢得第一个温网冠军时费德勒说

2005年的美网决赛是两代人之间的战争，在法拉盛，24岁的瑞士人战胜了网坛老兵安德烈·阿加西。

LEXUS
US OPEN
2005

2006 年，费德勒再次在温布尔登获得冠军，这是他第二次在同一年获得三个大满贯，上演帽子戏法，他再次以世界第一的身份主导了这项运动。

# 5

# 成为一种运动现象

# 成为一种运动现象

在不到 24 岁的年纪就成为 6 座大满贯冠军奖杯的主人，瑞士人成为轰动一时的人物，并在 2006—2008 年间继续改写着网球运动的纪录。这几年间，费德勒又用 7 个大满贯冠军加强了对男子网球的统治。

自满从来都不是顶尖运动员的特征。在很多冠军身上，不断探索可能的边界的强烈愿望是共同的特征，费德勒就是如此。他已经准备好攻击力去面对 2006 赛季，他想要获得更多的奖杯。前一年的两个大满贯冠军只是一次锋芒毕露的尝试，但就像过去一样，瑞士人想要更多。2005 赛季的后半段，由于脚伤，他消减了一些比赛——这也部分地解释了在中国举办的年终大师杯上，他意外败给大卫·纳尔班迪安的原因。但现在是新的一年，他回来了，全身的状态都很好，并急切地想要提醒他的对手们，他还是那个当之无愧的网球之王。

像往常一样，他的使命开始于 1 月份在墨尔本举办的澳大利亚公开赛。正如预期的那样，前几轮的低排名挑战者都被优雅地击败，没有什么让人担心的，并且尽管在对阵汤米·哈斯和尼古莱·达维登科时都丢掉了一盘，他还是顺利进入了决赛，对手是非种子选手、20 岁的塞浦路斯人马科斯·巴格达蒂斯。

没人相信，一个无人知晓的年轻人拥有能对罗杰造成麻烦的武器。但挑战者拒绝按照别人的剧本来演，他让罗德·拉沃尔球场上的观众震惊了，以 7 ∶ 5 拿下了第一盘。在第二盘的第三局，塞浦路斯人握有两个破发点，但瑞士人决定，就到这儿为止吧，他稳了稳心神，随后一鼓作气连续赢了 11 局，并最终用四盘锁定了比赛的冠军。

新任冠军接过了拉沃尔先生亲手颁发的冠军奖杯，拉沃尔先生是 11 次大满贯得主，而他们所在的这座球场也是以拉沃尔先生的名字命名的。见证那一刻的还有费德勒的前教练、朋友、已故的皮特·卡特的家人，卡特是在四年前突然去世的。作为统治温网、美网，如今又加上了澳网的冠军，费德勒成了桑

2006年初，获得了第二个澳网冠军、第七个大满贯冠军的费德勒情绪很激动，在墨尔本他从充满传奇色彩的罗德·拉沃尔先生手中接过冠军奖杯。

普拉斯之后，第一个一举拿下三个大满贯冠军的选手。

6月，在巴黎，费德勒第二次来到了大满贯的决赛，在他的职业生涯中，这是他第一次在法国公开赛上进入决赛。但他的对手是拉法·纳达尔，他在红土上的天敌，也是卫冕冠军。纳达尔不祥地挡在了他前进的路上。与赛前大多数人的预测相反，费德勒令人心悦诚服地以6∶1拿下了首盘，但他无法阻止西班牙人恢复到凶猛的状态，最终，费德勒以6∶1、1∶6、4∶6、6∶7输掉了比赛。完成充满传奇色彩的全满贯梦想不得不推迟到其他年份。

“我真的必须祝贺拉法，”费德勒说，“他在红土球场上非常强大，他打了一场真正的好球。在这个赛场上，他是很难被击败的。在这14天中，在红土场上，他打了一个伟大的赛季。他真的配得上这个胜利。很明显，对我来说有点遗憾，但我尽力了。”

随着费德勒所钟爱的温网的开始，安慰——我们不

2006年7月9日，在萨维伊酒店举办的冠军晚宴上，费德勒手捧温布尔登冠军奖杯与女友米尔卡·瓦里尼奇合照。

说复仇，很快就到来了。他再次以完美无缺的草地表现，毫不费力、不失一盘地来到了决赛。第一次出现在温网决赛赛场上的纳达尔负责阻击费德勒，但比赛就像是几周前在巴黎的那场比赛的镜子。然而这次是费德勒的主场，虽然年轻的西班牙人拿下了一盘，但最终还是被超越，以0∶6、6∶7、7∶6、4∶6输掉比赛。

这次胜利为费德勒带来第4个温网桂冠，他也成为第7位获得四个温网冠军的人。“费德勒让我想起了博格。”赛后，两次温网冠军得主吉米·康纳斯在BBC网站上写道，“不只是因为他一年又一年地主导着温网的比赛，而且也是因为他打比赛的方式。在我打球的时代，我从来没遇到过博格，从不知道他在想什么。费德勒也同样，特别是他的态度，他从来不让自己慌乱。费德勒已经在历史上有了自己的地位。”

接下来的一个月，费德勒又跨越大西洋长途飞行到了美网。长途飞行没怎么减弱他的力量，职业生涯中第三次，费德勒在大满贯决赛中面对着安迪·罗迪克。这一次，在法拉盛球场上，美国人比前两次在温布尔登做得好一点，但最后，仍是费德勒用了四盘取得胜利，在这个过程中，比分统计员再次爬上去更新他们的交手纪录。

费德勒是自1969年伟大的罗德·拉沃尔以来，第一个在同一年来到全部四大满贯决赛的选手。第9个大满贯冠军让费德勒排在这项运动全时代以来的第6位，同时，美网桂冠也意味着他创纪录地在温网和美网上都连续拿到三个冠军，这在网球史上是第一人。

2006年还有足够的时间来记录他履历上的两项更加重要的突破。10月，他首次赢得了在巴塞尔举办的瑞士室内赛的桂冠，这次胜利距离他首次站上家乡的赛场已经时隔8年，他还曾经在这里做过球童。11月，他在上海重新夺回了大师杯的桂冠。从统计上看，2006年是费德勒不可思议的职业生涯中表现最好的一年，仅次于拉沃尔在1969年所创造的充满传奇色彩的大满贯年。费德勒赢得了97场男子单打比赛中的92场，并获得了12个冠军，这是自22年前约翰·麦肯罗之后的最好成绩。也许，最让人难以置信的是，在他参加的17项ATP比赛中，最后16次来到了决赛。

2007年，各项纪录继续按照往常的规律滚动着。在墨尔本城中，只有一项重要比赛，那就是澳网。在决赛中，当费德勒以7∶6、6∶4、6∶4解决对手费尔南多·冈萨雷斯之后，他成为自1980年博格以来第一个不失一盘拿

2006 年的美网决赛中，费德勒战胜了安迪 · 罗迪克，获得了第 9 座大满贯奖杯，这让他排在了全时代以来获得大满贯冠军数的第 6 位。

在澳大利亚公开赛的决赛中，费德勒三盘战胜了智利人费尔南多 · 冈萨雷斯，费德勒以典型的强势的方式开启了 2007 赛季。

到大满贯冠军的选手。接下来的一个月，费德勒打破了康纳连续160周在ATP世界排名中保持第一的世界纪录。

然而，逗留在巴黎的这个夏天无疑并不让人满意，因为在法网决赛上，费德勒再次倒在纳达尔设置的障碍前，未能获得冠军。仅仅几周前，费德勒刚刚在汉堡的红土赛事上第一次击败了西班牙人，结束了纳达尔在红土场上连续81场的胜利，但在罗兰加洛斯这个更大的舞台上，他却让人失望了。在前两盘，两个伟大的对手各拿了一盘，但是纳达尔在第三盘和第四盘占据优势，复制了一年前在菲利普 - 夏特里耶球场3 ： 1的比分。

如果说在巴黎遇到的挫折很熟悉，那么这一年余下的时间就提供了如今我们已经很习惯的救赎感，在来到英格兰和美国之前，瑞士人横扫了所有比赛。温布尔登是他追平公开赛时代以来在全英俱乐部连续获得5个大满贯冠军纪录的机会，他似乎毫不费力地就通过了一轮又一轮，直到来到决赛，看起来现在打赌说卫冕冠军将拿到第5个温网冠军是很安全的事。然而，在另外半区，纳达尔也在蓄势待发。但是当确认本年度的决赛对手将是2006年决赛的重演时，大多数人认为，费德勒将在这块已经成为他的后花园的赛场上压倒对手。

那场惊心动魄的比赛实际上历时3小时45分钟，它深深吸引了中央球场的观众。紧张激烈的第一盘，费德勒最后通过抢七获胜。第二盘挑战者纳达尔提升了水平，6 ： 4获胜。然后是第二次抢七，瑞士人再次占据上风，总比分2 ： 1领先。但是纳达尔在第四盘完成了两次破发，将比赛带入了决定性的第五盘。这是费德勒第一次在大满贯决赛中打到第五盘，在第六局中，他面临着四个破发点，看起来好像冠军已经离两人中年纪较大的那位很远了。一记标志性的正手球砸在了边线上，费德勒终于逃出了牢笼，而纳达尔似乎肉眼可见地萎靡了，卫冕冠军吃力地结束了战斗，以6 ： 2赢得了第五盘，结束了温网历史上最伟大的一场决赛。

“在重要关头，罗杰 · 费德勒出现在了中央球场的三个边上。”《纽约时报》说，“首先到来的是灵活并充满力量的高空扣杀，这让他赢得了冠军。然后到来的是情绪化的反应：费德勒扔掉球拍，跪在地上，然后躺了下来，同时双手捂着脸，再眼含热泪地坐起来。最后，面对着粉丝——包括比约 · 博格激动的欢呼，费德勒走进场地，准备接受冠军奖杯。用超人般的速度换完了衣服——标志性的白色长裤、白色汗衫和镶着金边、带有字母的白色运动夹克后，他有点窘迫地露齿微笑着。费德勒总是带有这样一种风格，现在，他已经接近一个

史无前例的水平。”

接连获得 5 个温网冠军的成绩让他追平了博格的纪录，也让他的大满贯冠军数达到了 11 个，这一成就让他排在了所有时期大满贯冠军清单上的第三位，与他并列的还有两位伟大的选手——瑞典人博格和拉沃尔。澳大利亚人罗伊 · 埃

2007 年温网男单决赛是 2006 年决赛的重演，卫冕冠军再次战胜了挑战者纳达尔。

默森在 1960 年代拿到过 12 个大满贯冠军，桑普拉斯赢得过 14 个冠军，目前只有这两人的成就排在费德勒之前。

“每个人都是特别的，只能像拉法一样去拼冠军。这意味着很多，也追平了博格的纪录。”费德勒承认道，“这是一场很接近的比赛。在网前我曾告诉他，他也配得上这个冠军。今天我是幸运的那个。”

人们希望在随后的美网上能复制同样纯粹的戏剧场面，但这要求太苛刻了，事实上，尽管费德勒继续在法拉盛获得了他的连续第四个美网冠军，但这实在是一场有点乏味的胜利。在整个美网，世界第一只丢了两盘，然后在决赛中碰到了三号种子诺瓦克 · 德约科维奇，再接着，费德勒直落三盘直接淘汰了冉冉升起的塞尔维亚新星，尽管前两盘都打到了抢七。

到这个赛季结束，费德勒还获得了第四个年终大师杯冠军，并且随着 2007 年的逝去，他也连续第四年成为年终世界第一。从统计数字上看，这一年的费德勒没有表现出 2006 年那种引人注目的英雄气概，但他仍然在四大满贯中全部进入决赛，这只强化了多年来许多网球观察者所得出的观点：他已经是历史上最伟大的球员。

到目前为止，费德勒的故事一直都是沿着不间断向上的轨道前进的，除了 2008 年——此时距离他在 ATP 职业赛场上的首秀已经过去 10 年了。与其他年份相比，这一年的费德勒过得有点艰难。奥运会金牌和再次获得美网冠军给了他很大的安慰，但与前几年所经历的不停歇地一直上升到这项运动的顶尖位置相比，2008 年算是一个低谷期。

在墨尔本的半决赛中，他被德约科维奇赶下了澳网冠军之位，突然结束了不可思议的连续 10 次大满贯决赛征程。然后在 3 月初，他透露说从去年 12 月开始一直在忍受着传染性单核细胞增多症。连续第三次在法网决赛中输给纳达尔，并且这次是全面地、灾难性地以 1 ： 6、

费德勒再次击败伟大的对手拉法·纳达尔，连续第五个温网冠军到来。兴奋与欣慰都清晰可见。

3 ： 6、0 ： 6 输掉的，已经没有什么能挽救他的信心了。尽管如此，他还是满怀希望地来到了温布尔登，在这块精神家园中比赛将复苏他的命运。

当瑞士人不失一盘地来到决赛时，一切看起来都很好。中央球场为他与纳达尔最新的一次竞争布置好了舞台，西班牙人纳达尔同样以遥遥领先的方式来到了决赛。接下来所发生的一切将永远地留在网球迷们的记忆中，如今这场比赛广泛被认为是整个网球史上最伟大的一场比赛。

挑战者纳达尔在首盘就先下手为强，以 6 ： 4 领先。当纳达尔以同样的分数拿下第二盘时，似乎他即将阻止费德勒创造历史性的连拿六个全英桂冠的企图。然而，受到雨水影响的比赛给了费德勒机会，瑞士人开始反击了，第三盘以 7 ： 6 拿下。在抢七中，当费德勒以 7 ： 5 获胜时，桂冠似乎又改变了走向。第四盘也打到了抢七，在过程中，卫冕冠军戏剧性地挽救了两个赛点，而第二个赛点是用一个暴力的反手制胜分挽救的，最终他以 10 ： 8 惊险取胜。此时，对这场决赛的对阵双方来说，是时候慎重对待第五盘也就是决胜盘了。在第五盘的前 14 局中，两人都没能破掉对方的发球局，但在第 15 局，纳达尔抓住机会，取得了破发，然后又顺利保发，最终以 9 ： 7 赢得了他的首个温网桂冠。

这场历时 4 小时 48 分钟的大战是温网决赛史上最长的一次比赛，在这样的比赛中失败真是让人心碎。费德勒为自己的失败懊悔不已，在比赛中他获得了 13 个破发点，但只兑现了一个。在连续 65 场草地胜利之后，他不再是冠军了。“费德勒忍受着不开心的体验，沮丧地从椅子上站起来，第一次勉强地接受了亚军的结果。”BBC 报道，“这样说可能没法安慰他，但在这场伟大的决赛中他已经发挥出全部水平了。”

2007 年的美网决赛中，费德勒直落三盘战胜了诺瓦克 · 德约科维奇，这是两个对手第一次在大满贯巡回赛的决赛中相遇。

CITIZEN
OLYMPUS
CITIZEN
evian
Canon
IBM
CHASE

2008年，在输掉法网和温网之后，费德勒在美网重回赢球的赛道，在决赛中他战胜了安迪·穆雷。

费德勒没有多少时间来从输掉温网冠军的巨大失落中重整旗鼓，美网马上就到来了。可能所有人都感到意外，尽管已经把破纪录地保持了 237 周的世界第一的位置让给了纳达尔，但在法拉盛的赛场上，他看起来精神不错。他知道，解决最近这些挫折的唯一方法在球场上，尽管在第四轮他被俄罗斯人伊戈尔 · 安德列夫拖入了五盘大战，但他走向决赛的过程是非常典型的费德勒式的，在决赛中，当他面对英国人安迪·穆雷时他的表现也是如此。一场以6 ：2、7 ：5、6 ：2 取胜的比赛带给他第 13 个大满贯冠军，也在他承认这一年的困难之后及时给了他鼓励。

“这当然感觉很好。”费德勒说，“这在我的职业生涯中是非常特别的一刻。今年我在几个大满贯中遭遇了一些困难，所以能把这一个拿回家还真是有点不可思议。对我来说这就是整个世界。我并不打算停在 13 这个数字上。”

*“罗杰非常有天分，但最重要的是，他非常享受网球比赛。如果你不得不勉强自己去比赛，那么就很容易失去精神动力和获胜的渴望，但罗杰热爱比赛。当情况对他不利时，他会尝试其他东西，试着找到方法去获胜。他对球场的覆盖和预判能力异于常人，如果他的反手表现正常，他似乎只需要把反手用起来就可以了。”*

—— 2006 年费德勒获得澳网冠军之后

罗德 · 拉沃尔对他的评价

在阿瑟·阿什球场，费德勒三盘战胜了穆雷，获得了第13个大满贯冠军，这让他只落后皮特·桑普拉斯一个冠军。

费德勒曾四次代表瑞士队参加奥运会。2008年，在北京奥运会上，他赢得了一枚双打金牌。在2012年伦敦奥运会上，他又获得了一枚单打银牌。

# 6 奥运会上的成功

# 奥运会上的成功

费德勒四次参加奥运会。2000 年，他第一次站在悉尼奥运会的赛场上完成比赛。八年后，他站在了北京奥运会的领奖台上，当他骄傲地举着“觊觎”已久的奥运金牌时，瑞士国歌奏响了。

很少有运动员能获得那么多特权，在职业生涯中享受独一无二的奥运氛围。参加奥运会的几乎都是各项运动中水平最高的选手，自从 1896 年现代奥运会在雅典发源以来，网球运动中的那些顶尖选手就在为获得“奥运冠军”的称号而激烈竞争。许多选手都进行了尝试，但只有少数天选之子曾经获得这样的称号。2008 年，在中国，罗杰 · 费德勒成为奥运高级俱乐部的一员，当时他与斯坦尼斯拉斯 · 瓦林卡搭档，赢得了男子双打的冠军。这一成就让他们在回到瑞士国内时，成为整个国家的英雄。费德勒承认，在北京取得的胜利是他已经足够辉煌的职业生涯中最精彩的时刻。

然而，费德勒的奥运故事第一章发生在 2000 年，当时这个 19 岁的年轻人成为瑞士代表队中的一员出征悉尼。在这位少年顺利进入奥运男子单打比赛时，他的世界排名是第 36 位。结果，他没能排入赛事的前 16 号种子。他没期望能完成 8 年前同胞马克 · 罗塞特那样的英雄壮举——为瑞士拿到金牌，但他仍希望自己能走得更远。

2000 年，当费德勒第一次出现在澳大利亚悉尼奥运会的赛场上时仅仅只有 19 岁。他赢了 5 场比赛。

然而，在悉尼，年轻的费德勒轻松地通过了前面几轮，并在四分之一决赛中以 7 ∶ 6、6 ∶ 1 将摩洛哥人

卡里姆·阿拉米送走，他出人意料地走到了能摸到奖牌的距离。在最后四强的比赛中，他输给了德国人汤米·哈斯，这个失败对年轻的费德勒是个严重的打击。但如果在附加赛中能战胜法国人阿尔诺·迪帕斯卡尔，他还有机会获得一枚铜牌。前面两盘都是通过抢七来决定胜负的，结果是两人各拿一盘，盘分 1 ∶ 1。但是迪帕斯卡尔崩住了神经，以 6 ∶ 3 拿下了决胜盘，让对手的努力没得到任何有形的奖励。“考虑到比赛的发展，我不应该输的。”费德勒边说边忍住眼泪，“我真的想站在领奖台上。现在，除了骄傲之外，我将要两手空空地回家了。”

在2000年的悉尼奥运会上，费德勒错失了一枚奖牌，他在附加赛中被法国人阿尔诺·迪帕斯卡尔小比分击败。

2004 年，在雅典，重新回到奥运赛场上的瑞士人更加成熟、更懂畏惧并且更加有名了。这一年的早些时候，费德勒刚刚在澳网和温网拿到了冠军，从 ATP 排名来看，他是世界上最好的网球运动员，并且全世界都知道他。因此，瑞士国家奥林匹克委员会给了他在开幕式上担任旗手的荣誉。不幸的是，带领瑞士队在全世界数亿观众的眼前走过是他在这次赛事中最出彩的时刻。

头号种子安全地通过了男子单打的第一轮，他三盘击败了俄罗斯人尼古拉 · 弗拉迪米洛维奇。但让人惊讶的是，在第二轮中他被淘汰了，他以 6 ： 4、5 ： 7、5 ： 7 输给了世界排名 74 的非种子选手、捷克人托马斯 · 伯蒂奇。在男子双打比赛中，是相同的让人倍感挫折的故事。费德勒与青少年时期的老朋友伊夫 · 阿勒格罗配对，但这对搭档所建立的力量不足以阻止他们在第二轮中出局，他们输给了印度组合马赫什 · 布帕蒂和利安德 · 佩斯。

2008 年，在北京，费德勒第三次来到奥运会上，试图想要拿到一块困难重重的奥运奖牌。尽管在奥运会网球比赛结束后，官方排名中的世界第一将被移交给拉法 · 纳达尔，从而结束了费德勒对网坛长达四年半的统治，但在技术上，他仍是世界第一。在奥运会开幕的那一天，费德勒庆祝了自己的 27 岁生日，并再次以旗手的身份站在了瑞士队的前面，迎接开幕式的烟火。

“对我来说，扛着瑞士的国旗带领瑞士队走进体育场真的是一种荣耀。”费德勒说，“我已经获得过特权体验许多美好的东西，奥运会现在是并将永远是这些最美好的事情中的一件。所以，我真的很期待那些时刻。这是我能够期待的最好的生日礼物。众所周知，我还有奥运比赛要去完成，第二次扛起这份荣耀给了我更多动力。”

他的救赎之旅开始于男子单打比赛。第一轮对手是俄罗斯人德米特里 · 图萨诺夫。在绿色的奥林匹克网球中心，俄罗斯人没有太多的抵抗，瑞士人以 6 ： 4、6 ： 2 获得了胜利。然后在第二轮，费德勒直落两盘击败了萨尔瓦多人拉法 · 阿雷瓦罗 · 冈萨雷斯，他已经比四年前在希腊更进一步了。在第三轮晋级之路上，站着一个熟悉的对手——伯蒂奇，在雅典奥运会，他战胜了费德勒。但这一次，面对低排名的对手，头号种子没有再犯错误，以 6 ： 3、7 ： 6 进行了复仇。

非种子选手、美国人詹姆斯 · 布雷克等在了四分之一决赛。在前 8 次交手中，布雷克从来没有赢过费德勒。但在这场比赛中，瑞士人前所未有地送出了许多非受迫性失误，最终布雷克以 6 ： 4 拿下了第一盘。第二盘打到了抢七，但最终并没有像观众所期待的那样追平比分，费德勒开始走下坡路，布雷克以

2008年，在北京奥运会壮观的开幕式上，费德勒被授予了担任瑞士旗手带领瑞士队走入国家体育场的荣誉。

7 ：2 再下一盘，并将这位杰出的对手送出了男子单打比赛。“显然，这让我非常失望。”费德勒承认，“对我来说，奥运会是本赛季的一个重要目标。所以，进入四分之一决赛不够完成这个目标。我觉得詹姆斯打得非常好。我真的只能说他打得很棒。我与他在很多场合交过手，我想这是我见过的打得最棒的他。我为他高兴。我希望他能走到最后。”

然而他的奥运挑战还没结束。费德勒与世界排名第 10 的瓦林卡已经安全地通过了男子双打比赛的前面两轮。就在他意外输给布雷克的同一天，他又回到了双打的四分之一决赛球场上，面对印度搭档布帕蒂和佩斯，这对组合在 2004 年击败了费德勒和阿勒格罗。这一次，瑞士组合占据了优势地位，以 6 ：2、6 ：4 这种舒适的比分赢得了最后的四强席位。随后在半决赛这一天，他们遇到的是美国的布莱恩兄弟——鲍勃和麦克，这对兄弟组合是奥运会的头号种子，之前曾经赢得过全部四大满贯男子双打比赛的冠军。第一盘比赛就很激烈，打到了抢七，最后费德勒和瓦林卡以 8 ：6 赢了下来。第二盘，他们在第 7 局——麦克 · 布莱恩的发球局取得了破发，瑞士组合镇定地以 6 ：4 完成了接下来的比赛，进入到了费德勒强烈渴望的决赛。

决赛中，瑞士组合面对的是瑞典组合西蒙 · 阿斯佩林和托马斯 · 约翰森，瑞典组合是 2002 年澳网双打冠军，同时一天双赛的费德勒和瓦林卡还比对手少了 24 小时的恢复时间。为了配得上决赛，按照规定，这场比赛是有更多可能的五盘三胜制，而不是前面几轮有删减的三盘两胜制。开始的时候，瑞士组合很强势，以 6 ：3 拿下了第一盘。第二盘，又一次破发让他们以 6 ：4 获胜。费德勒全面的击球获得了瓦林卡充满灵感的支持，但瑞典组合重整精神，将第三盘拖入了抢七，并以 7 ：4 拿走了第三盘。第四盘，瑞士组合再次破发，比赛来到费德勒的发球胜赛局，他像往常一样镇定自若地完成了这项任务。获得胜利的两位队友为瑞士赢下了一枚金牌，瑞士国家队在北京一共只获得了两枚金牌。他们兴奋地庆祝胜利，躺在地上，彼此拥抱。

“周六，在以 6 ：3、6 ：4、6 ：7、6 ：3 击败瑞典的西蒙 · 阿斯佩林和托马斯 · 约翰森赢得男子双打金牌之后，瑞士的罗杰 · 费德勒无法抑制地拥抱着搭档斯坦尼斯拉斯 · 瓦林卡。”路透社报道说，“过去五年世界上最优秀的网球运动员在整个比赛中都光芒四射，但这也应该归功于较少为人所知的对手，这对对手在中心球场的比赛中也全力以赴了。很明显，在整个比赛中，在开幕式中举着瑞士国旗的费德勒被点燃了。

在球场上，27 岁的 12 个大满贯冠军得主通常是冷静而安静的，但是在周六，在关键时刻，他攥紧了拳头，对着瓦林卡咆哮，肯定着队友。显然，这一次他不想让机会再次溜走。正好，在第四盘打到 5 ：3 时，轮到他的发球局，他们赢下了这枚金牌。在举着瑞士国旗绕场一周之前，他适时地承担起了责任。”

费德勒终于实现了他的奥运梦想。“那是十分神奇的一刻。”他承认，“和欣赏的另一人一起分享这份胜利让我非常快乐，我们一起度过了伟大的两周。从开始到最后，我们一直打得很好。我们做到了，我难以置信地快乐。打单打时，当我赢了时我不能拥抱一个陌生人。在单打中，你一个人站在球场上。你赢了，你就坐下来。”

任务完成了，27 岁的费德勒返回了瑞士，在家乡巴塞尔受到了英雄般的欢迎，然后又回到了 ATP 赛程中，他还在试图获得更多大满贯冠军。但奥运会的吸引力太强大了，四年后费德勒又来到了伦敦，在全英俱乐部进行他的第四次奥运之旅。“这是一生只有一次的机会，能够在奥运会上，在温布尔登比赛。”他说，“对我们来说，在那儿，在网球运动中最不可思议的球场上发扬奥运精神真的非常重要。我想，在这个时代，还没有其他单打选手曾参加过四次奥运会，所以我很高兴自己能够做到这一点。”

*“我很激动，那是伟大的时刻，是梦想成真的时刻。可能，在一生中，这种时刻只来一次。某种程度上，那种感觉是有点不敢相信。我必须为重要的比赛发球，这不是奥运比赛中的第一次，也不是我人生中的第一次。从根本上来说，那是你的梦想要实现的时刻，即使那时有很大的压力。这是全世界最重大的体育赛事，你会感觉到身*

在中国，费德勒与斯坦·瓦林卡搭档男子双打比赛，他们进入了决赛。在决赛中他们的对手是瑞典组合西蒙·阿斯佩林和托马斯·约翰森。

在北京国家网球中心的决赛中，上演了一场著名的四盘大战，这次胜利带给费德勒职业生涯第一枚奥运奖牌。

*处某些重要事件中的那种特殊性。那是充满魔力的一刻，在我的职业生涯中是不可思议的。”*

—— 费德勒关于 2008 年在北京获得奥运金牌的评论

然而，在打出第一个球之前出现了一个问题：在 2012 年伦敦奥运会开幕式上，到底该由谁来引导瑞士代表队走进体育场。很显然，费德勒是一个选择，但他拒绝再次承担旗手的工作，结果，瓦林卡成为那个人。

“我感觉到了，如果我第三次做这件事，可能我会被写入历史书中。”费德勒说，“这应该是很美妙的一件事，不可否认我很喜欢做这件事。我只是觉得，给其他人一个机会也很重要。我们都相信，其他人也应该有机会。这就是为什么我告诉瑞士奥委会（官员）我觉得他们应该选择其他人。我觉得这对斯坦来说是很重要很重要的荣誉。没有他，我没法赢得奥运金牌。”

在奥运生涯中，费德勒第一次成功地扫清了道路，在温布尔登进入了男子单打的决赛，但最终，第二枚奥运金牌还是失之交臂。在想要获得金牌的比赛过程中，有两场比赛打了三盘，他勉强获得了一些喘息的机会，然后就来到了决赛。但这一次在决赛中，面对着获得了全场本地观众支持、在观众驱动下比赛的英国人安迪 · 穆雷，费德勒没有任何办法，最后以 2 ∶ 6、1 ∶ 6、4 ∶ 6 交出了胜利。费德勒在自己的奥运成绩单上又添加上了这枚银牌，他不得不接受这一点。而在双打比赛中，是更大的失望，在第二轮对阵以色列组合安迪 · 莱姆和尤尼 · 埃里奇时，他和瓦林卡交出了他们的王冠。

费德勒原本计划第五次参加 2016 年在里约热内卢举办的奥运会，但这个计划出人意料地被否决了，因为上个赛季结束时遭受的膝伤在巴西奥运开始前两周复发了。那是一个严重的打击，但这并没有终止他对奥运会的热情。“希望我与你们在一起。”当他在瑞士的家中通过电视观看开幕式时，他在推特上写道。

当 2020 年 7 月东京奥运会开幕时，瑞士人将已经 38 岁了。即使是看起来无惧年龄的费德勒有一天也将不得不退休，但至今为止，他都拒绝将最后一次奥运冒险排除在计划之外，这届奥运会举办时距他第一次身披红白瑞士国旗出现在悉尼将已经20年了。“如果我还在打球，我就可能参赛。”他说，“但我并不是说，在退役前，我一定得再打一届（奥运会）。如果这件事将发生，那么它对我有很重要的意义，但是现在说这些都太早了。我不知道。等到了正确的时间我再讨论这件事吧，看看那一年我会感觉怎么样。那将挺好的。但是我不能确定地告诉你一定去或一定不去。”

瑞士人第四次出现在奥运会上，他在中央球场击败了阿根廷人胡安·马丁·德尔波特罗，来到了男子单打的决赛。

London 2012
team

在全英俱乐部的决赛中，费德勒面对的是本土宠儿安迪·穆雷，在以三盘失败之后，他不得不接受一块银牌。

2009年，费德勒来到了罗兰加洛斯，在之前的三次法网男单决赛中，费德勒都输给了西班牙人拉法·纳达尔。

# 7

# 职业障碍的清除

# 职业障碍的清除

带着北京奥运会上的新胜利，费德勒开始了 2009 赛季，这是他职业生涯中的第 12 年。事实证明这是不可思议的一年，费德勒成为有史以来最成功的职业选手，他使男子单打运动熠熠生辉。

还没到 27 岁，费德勒在网球上所取得的成就已经比普通人能够梦想到的多很多。13 个大满贯冠军、5 个大师杯桂冠、一块奥运金牌的多产成绩以及比所有运动员都要长很多的连续世界第一周数，这些成绩无异于星辰般闪亮。假设费德勒再也不踏足球场，按道理，他还是能以整个时代最伟大的网球运动员身份退役。

然后，费德勒还有高峰要爬。尽管连续三次出现在法网决赛中，但他从来没赢过法网冠军，这意味着他还需要去完成传奇般的、难以完成的全满贯。皮特 · 桑普拉斯和他的 14 个大满贯冠军也是投在他身上的阴影，当人们谈论网坛诸神时会问费德勒究竟站在什么位置。到 2009 年底，所有的争议都被令人信服地解决了。

2 月，费德勒在澳网决赛的五盘大战中输给了拉法 · 纳达尔，他四次出现在墨尔本的决赛中，这是第一次输球。毫无疑问，这是一颗不得不吞下去的苦涩药丸。现排名世界第二的费德勒两次击退西班牙人，但在关键的第五盘他没能战胜边线，纳达尔发球胜赛，第一次赢得了澳网冠军。4 月，费德勒与多年女友、前网球职业选手米尔卡 · 瓦里尼奇喜结连理，他们在瑞士秘密地举办了婚礼仪式。但随着法网的开始，他们并没有多少宝贵的时间去欢度一个较长的蜜月，接下来的这个月他坚定地站在了球场上。

开始，他在罗兰加洛斯的表现远不能让人放心。第二轮他被横空出世的阿根廷人何塞 · 阿卡苏索拖入了第四盘。然后，在第四轮又被汤米 · 哈斯拖入了五盘大战，他不得不在先输两盘的情况下恢复状态，最后拿下了顽固的

在巴黎，费德勒职业生涯第四次打进了法网的决赛，但这一次，他面对的对手是瑞典人罗宾·索德林。

德国人哈斯。然而，最大的新闻是在第四轮，纳达尔输给了瑞典人罗宾·索德林。人们震惊地发现，难以企及的前四次冠军获得者、在法网决赛中三次成为费德勒对手的纳达尔已经被淘汰，火枪手杯突然充满诱惑地出现在触手可及的范围。瑞士人还不得不逃过四强中的一次五盘生死大战，对手是胡安·马丁·德尔波特罗，但一旦他追平纪录安全地第 19 次来到大满贯决赛，他就开始梦想着这场定义其职业生涯、带有巴黎范的胜利。站在费德勒和历史之间的是索德林。在之前对阵费德勒的比赛中，世界排名 25 位的索德林输掉了所有 9 次相遇，但是，一个能在红土上击败纳达尔的人绝对是危险的野兽。

费德勒快速地直落三盘战胜了索德林，这让他成为网球史上为数不多的第六位获得全部四大满贯的选手。

第一盘只用了23分钟，瑞士人第一局就破掉了瑞典人的发球局，并暴风般地以6∶1拿下第一盘。第二盘受到了一些干扰，一名挥舞着旗帜的观众闯入球场与费德勒对峙，在闯入者被抬走之后，费德勒重新镇定下来，并用四个精彩的ACE球在抢七中取胜，盘分以2∶0锁定领先优势。他只需要再赢下一盘。在对手的第一局，他就再次破发，并逃过了自己第四和第十个发球局的破发点，以6∶4的成绩发球获胜。“费德勒在职业生涯中第一次赢得了法网。”负责决赛转播的欧洲体育频道的解说员宣布，“除此之外，必须肯定的是，现在费德勒有资格被看作是历史上最伟大的男子球员。”

现在，费德勒可以站在那些获得全部四大满贯的赢家行列了，这些人包括弗莱德·佩里、唐·布吉、罗德·拉沃尔、罗伊·埃默森，以及最近的安德烈·阿加西。为了在不同的场地取得冠军，费德勒做到了鲍里斯·贝克尔和约翰·麦肯罗、伊万·伦德尔和吉米·康纳斯、比约·博格和皮特·桑普拉斯之类的人物没有做到的事。5个温

费德勒从安德烈·阿加西手中接过了法网冠军奖杯，阿加西是最近一位扫清所有障碍获得传奇般的全满贯的选手，而这已经是十年前的事了。

网冠军、5 个美网冠军、3 个澳网冠军，终于轮到法网了，现在，他已经追平了桑普拉斯的 14 个大满贯冠军成就。

“混合着喜悦与如释重负的眼泪慢慢流过费德勒的脸，他高高地举着火枪手杯，这是他连续第四次进入法网决赛才最终拿到的奖杯。”《卫报》说，“现在，他成为网球史上仅有的第六位赢得全部四大满贯的选手。最近一位赢得全满贯的是安德烈 · 阿加西，他在 1999 年赢得了全部四大满贯。在这场不到两个小时并受到雨水严重影响的决赛中，费德勒以 6 ： 1、7 ： 6（1）、6 ： 4 击败了罗宾 · 索德林。当索德林将费德勒最后一个发球打到了网上时，瑞士人扔掉球拍，跪在了红土上，就像是历史突然把他推倒在这片土地上。并且，历史就这样发生了。”

然而历史并不等待任何人，甚至没有等待过费德勒。在法网童话之后仅仅两周，他第 11 次回到了温布尔登男单的比赛中，他想要超越桑普拉斯。这也是继一年前史诗般地输给纳达尔之后，再次获得全英桂冠的机会。

*“这是我最伟大的胜利。现在，我可以继续剩下的职业生涯而不用再担心从来没赢得过法网了。这个胜利带走了很多压力。现在，我可以安心地完成余下的职业生涯了。在比赛中，要处理自己的情感问题真的不太容易。没有人能够再对我说我没赢过罗兰加洛斯的冠军了。这一次能够作为胜利者站在领奖台上真是太棒了。当然，我还想要感谢安德烈（阿加西）来到这儿。这对我来说就意味着整个世界。在过*

*去的几年，我们进行过一些伟大的比赛。感谢你来到这儿，你是最后一个赢得全部四大满贯的选手。现在我知道赢得法网是什么样的感觉了。”*

——2009 年在赢得法网的历史性胜利后费德勒如是说

第 7 次进入温网决赛的过程几乎完美。在第三轮，德国人菲利普·科赫尔斯奇雷伯“偷走”了一盘，但如果撇开这一盘，费德勒还是横扫了比赛。当温网赛程中的第二个周日到来时，他已经来到了决赛，并在职业生涯中第 21 次面对着安迪·罗迪克。这是这一对第四次在大满贯决赛中相遇，瑞士人赢得了前面所有三次比赛——2004 和 2005 年的温布尔登决赛以及 2006 年的美网决赛，在三次比赛中，费德勒只丢掉两盘。赛前预测都共同看好已经拿过五次温网冠军的费德勒将轻松赢得胜利。

很显然，美国人并不这么想。第一盘中，在罗迪克的发球局上，费德勒一反常态地浪费了四个破发点，比分锁定在 5 ：5。当对手以 7 ：5 锁定胜盘时，费德勒不得不懊恼着自己浪费的机会。第二盘同样势均力敌，他们打到了抢七，但这次轮到六号种子罗迪克懊恼自己浪费了机会。在抢七中当罗迪克强力将比分打到 6 ：2 时，费德勒做到了唯一能做的，一口气连续拿下 6 分，以 8 ：6 获胜。现在比赛打成了平手。第三盘中，瑞士人的发球气势磅礴，在费德勒的发球局，罗迪克只拿到了两分，最后费德勒以 7 ：5 赢下了另一次抢七。但罗迪克还是令人钦佩地以 6 ：3 拿下了第四盘。决赛来到了充满不确定性的第五盘，也是决胜盘，这是第三年出现这种情况了。接下来的比赛完全是戏剧化的，两人都拒绝让步，于是比赛进入了一局接一局的各自保发。这场比赛，单在英国就有一千一百万人在电视机前出神地观看。不可思议的是，关键时刻出现在第 30 局，费德勒终于破了美国人的发球局。95 分钟后，第五盘以 16 ：14 结束，瑞士人获胜。决胜盘打了 30 局，这创造了大满贯决赛新的纪录，这一纪录轻松使得 1927 年法网上那场 11 ：9 的比分黯然失色。

303

2009 年，瑞士人第 11 次来到温网，目标是再拿回温网桂冠，一年前，这项桂冠被拉法 · 纳达尔摘走了。

更有意义的是，在经过了中央球场 4 小时 17 分钟的大戏之后，费德勒独自且无人能挑战地站在大满贯男子单打最伟大球员的位置上，现在他拥有 15 个大满贯冠军。“这么多年，我能一直打这么好，而且没有伤病困扰，这真的让人难以置信。”费德勒说，“对我来说，现在还能打球，我很惊讶。我并没有期望这么多。我没想过自己能坚持这么久。有那么多网坛传奇坐在那儿，尤其是皮特（桑普拉斯），这感觉特别好。我知道这个纪录对他来说意味着什么，他也知道对我来说意味着什么。这并不是我小时候设定的目标，而是一项一项、一月一月打下来积累的目标。打破纪录并不是我打球的目的，它也不意味着我要停止比赛。我希望我还能在这里打很多年。”

桑普拉斯坐在中央球场的皇家包厢中看着自己的纪录被瑞士人打破。这是自 2002 年以来他第一次观看温网，美国传奇对刚刚让他黯然失色的费德勒大加赞美：“这个家伙是一个传奇，现在他还成为一个符号。”桑普拉斯说，“他是这项运动的信誉保证。他能拿到 17 或 18 个大满贯。如果他继续坚持并保持健康的话，他实际上能够拿到 18 或 19 个冠军。罗杰是一个朋友，也是一个伟大的运动员，他是一个好人。”

如果费德勒觉得 7 月不需要获得更多成绩，他将迎来意外的惊喜。在 7 年中第 6 次赢得温网冠军之后，官方确认在 ATP 世界排名中，他从纳达尔手中重新夺回了世界第一的位置，接下来他将在这个位置待 48 周。同时，在这个月的月末，随着双胞胎女儿米拉 · 罗斯和查琳 · 瑞瓦的出生，费德勒第一次成为父亲。在接下来的 8 月，费德勒在美网决赛的五盘大战中输给了德尔波特罗，并在重新洗牌的 ATP 年终总决赛中输给了尼古莱 · 达维登科，这些都不在剧本中，但两次失败并不能夺走这难忘的一年带给费德勒的荣光，这一年，无论在场上还是场下，都是令人难忘的。

在接下来的四年，我们看到费德勒在职业生涯中第一次真正为了疾病和伤病挣扎不已，但他仍在自己不可思议的奖杯收藏中增加了两座大满贯奖杯。第一座奖杯来自 2010 年年初的澳大利亚公开赛，他在墨尔本获得了第四个该赛事的冠军。他优雅地横扫所有对手进入了决赛，并重复了 2008 年美网决赛中的故事，直接用三盘干净利落地从安迪 · 穆雷手中卷走了奖杯。在这个过程中，费德勒成为继阿加西之后第二位夺得大满贯冠军的父亲。“穆雷这样的选手让我成为更好的运动员。”在 6 ∶ 3、6 ∶ 4、7 ∶ 6（13 ∶ 11）赢得胜利后费德勒说，“我认为这已经是很长一段时间以来我的最佳表现了，你们知道，或

与 2004 年 和 2005 年 的决赛相似，费德勒在温网决赛中再次遇到了美国人安迪·罗迪克，在史诗般的五盘大战后，胜利的曙光戏剧性地出现了。

者可能永远都是。我真的想要尽力享受自己职业生涯的最后时光，因为我已经完成了这么多我原以为永远不可能完成的目标。我真的只是想要享受比赛，那就是这一刻我正在做的。”

2010 年 7 月，费德勒聘请了曾长期执教桑普拉斯的美国人保罗·安纳孔与他一起工作，塞弗林·卢斯——瑞士戴维斯杯组织的一员，也同时在教练团队中工作。

但一开始，新的教练团队很难产生影响。一场肺炎让情况更糟糕，尽管费德勒已经完全从肺炎中恢复过来，并于11月在伦敦新投入使用的O2赛场上，在年终总决赛中以6∶3、3∶6、6∶1战胜纳达尔获得冠军——这是他的第五个年终总冠军，但相对来说，2011年还是一个充满坎坷的年份。

第五次出现在法网的决赛上也是值得庆祝的事，但纳达尔第四次阻止

费德勒职业生涯第六次获得温网冠军。公开赛时代以来，他比皮特·桑普拉斯只少一个冠军。

了他成为罗兰加洛斯的主人。四个 ATP 巡回赛冠军给了他些许安慰，在 8 月庆祝完 30 岁生日之后，他打破纪录地获得了第 6 个 ATP 年终总冠军，在决赛中他击败了法国人约-威尔弗里德·特松加，但像往常一样，他真正渴望的是更多冠军。

说温布尔登是他的第二个家一点都不过分，那里总是给他带来满足感。要重回 2012 年温网的决赛，他需要在四强赛中战胜世界第一的诺瓦克·德约科维奇。在中央球场，当塞尔维亚人被四盘送走之后，只有穆雷能够阻止他追平 7 次全英俱乐部冠军的纪录了。穆雷是自 1938 年以来第一位出现在温网决赛中的英国选手，但在前两次大满贯决赛中，他都输给了费德勒。在经过 3 小时 24 分钟的大战后，瑞士人对他的年轻对手完成了帽子戏法，以 4 ∶ 6、7 ∶ 5、6 ∶ 3、6 ∶ 4 取胜。这次胜利让他取代德约科维奇成为世界第一，也打破了桑普拉斯累计 286 周保持世界第一的纪录。2010 年 6 月失去世界第一的位置时，费德勒距离这一里程碑式的纪录只差一周的时间。

复发的伤病让费德勒的 2013 年充满折磨，11 年来第一次，他没有进入任何一项大满贯决赛。2014 年伊始，他再次更新了教练团队，增加了斯蒂芬·埃德伯格作为教练。尽管在 7 月的温网中进入了决赛，但他还是在五盘大战中输给了德约科维奇，最后未能增加一座冠军奖杯结束了赛季，他的大满贯冠军纪录仍保持在 17 个。

这一年也不是没有任何欢乐。5 月，米尔卡生了这对夫妇的第二对双胞胎，他们的儿子里奥和莱尼。和年轻的家庭一起，他迎来了自己的 33 岁生日，他在各种纪录簿中的地位也得到了肯定，网球之外的生活可能也让他得到了些许安慰。但是，费德勒的网球生涯还远未结束。

温网历史上最伟大的四位冠军聚在一起拍照，他们是：比约·博格、皮特·桑普拉斯、罗杰·费德勒和罗德·拉沃尔。

在少年费德勒首次出现在戴维斯杯 15 年后的 2014 年，费德勒带领瑞士队夺得了戴维斯杯。

# 8 戴维斯杯上的赢家

# 戴维斯杯上的赢家

事实上，瑞士期待每年的世界网球男子团体赛冠军，也就是戴维斯杯的冠军已经期待了 91 年了，直到 2014 年，费德勒才带领整个国家男子网球队战胜了法国队，第一次历史性地夺得了戴维斯杯的冠军。

1992 年，罗杰·费德勒只有 11 岁，当时瑞士队第一次进入了戴维斯杯的决赛，这距离他们第一次参加这项赛事已经有 69 年了。对瑞士来说，遗憾的是，他们在德克萨斯州的塔兰特县中心遭遇到的是美国队，而美国队中的四名选手是令人敬畏的安德烈·阿加西、皮特·桑普拉斯、吉姆·考瑞尔以及约翰·麦肯罗，这几个人都是过去或未来的大满贯冠军得主。在自己家乡的土地上，相较于欧洲对手，美国队太强大了，在三天的比赛中，他们 4 ： 1 获胜。

那个时候，年轻的费德勒从来没想过 22 年后他将最后带领整个国家赢来这场胜利。在 2014 年取得荣耀的那一刻之前，费德勒为戴维斯杯做了多年的尝试，但在 15 个赛季的失败之后，连费德勒都必定怀疑过瑞士队是否能够成为世界冠军。

费德勒的戴维斯旅程开始于 1999 年，当时他还只是一个无人知晓的 17 岁少年。当时世界组的比赛中，在纳莎泰尔室内赛场上他们的对手是意大利队，他赢得了第一次国际比赛。在第一天的单打分组赛中，少年费德勒及时打开了自己的戴维斯杯账户，3 ： 1 战胜了戴维德·桑吉内蒂。尽管在第三天无关痛痒的一场比赛中，费德勒被吉安卢卡·波奇击败，但他帮助瑞士队获得了关键分，以 3 ： 2 淘汰对手，挺进四分之一决赛。在四分之一决赛中，比利时队是他们的对手，比赛在布鲁塞尔进行，但在两场单打比赛中，少年费德勒输给了年纪更大且经验更丰富的对手克里斯托弗·范加斯和泽维尔·马利塞，瑞士队没能进入四强。

第二年，费德勒与劳伦佐·曼塔搭档，第一次参加了双打比赛。并且，在

由于持续不断的背伤，费德
勒错失了前一个赛季的戴维
斯杯。

2000—2002 年间，费德勒 17 次出战，赢了其中的 14 场。2003 年，拥有世界排名第一的费德勒的瑞士队证实了他们的实力，历史上第二次挺进了半决赛。

由于费德勒在单打比赛中连续直落三盘战胜了雷蒙 · 斯鲁伊特和岑 · 沙尔肯，在世界组的第一轮中，荷兰在阿恩海姆被淘汰出局。尽管刚满 21 岁，但在图卢兹与法国对阵的四分之一决赛中，费德勒显示出了大将风度，在第二场淘汰赛中，他击败了尼古拉斯 · 埃斯库德。第二天，费德勒又与马克 · 罗塞特配对双打，再次以 3 ：1 战胜了埃斯库德与法布雷斯 · 塞特罗的组合。在第四场淘汰赛中，费德勒以 6 ：1、6 ：0、6 ：2 的比分彻底摧毁了塞特罗，在周末完成了一次轰动的个人秀。他所取得的 3 分确保瑞士队进入了四强。

在半决赛中，瑞士队一路南下，在墨尔本的罗德 · 拉沃尔球场面对赢得过 27 次赛事冠军的澳大利亚队。在淘汰赛中，澳大利亚队的主场优势是巨大的，但是在第二场比赛中，费德勒直落三盘，重演了当年温布尔登决赛的好戏，他战胜了马克 · 菲利普西斯，将比分追为 1 ：1 平，一场逆转好戏可能即将上演。即便在双打比赛中，费德勒和罗塞特输给了韦恩 · 阿瑟斯和托德 · 伍德布里奇，但他们还有可能赢得比赛。一切取决于第四场比赛，在最后一天，面对着一边倒支持本国球员的现场观众，年轻的费德勒能否击败莱顿 · 休伊特，从而将比赛进程延长。

2003 年，当他们于墨尔本相遇时，相较于只握有一个大满贯冠军的费德勒，年长 6 个月的休伊特已经在两个大满贯冠军奖杯上刻下自己的名字。男子网坛中两颗冉冉升起的新星碰撞出了激烈的火花，他们一直打到了第五盘。费德勒以 7 ：5 和 6 ：2 拿下了前两盘，但在家乡观众的支持下，休伊特 7 ：6 和 7 ：5 反扑回来，并在决定性的第五盘中以 6 ：1 获胜。

然而，在接下来的几年中，瑞士队一直未能在戴维斯杯上取得更进一步的、重要的成绩，只有一次进入八强，七次进入附加赛阶段。所有这一切在 2014 年改变了，这一年瑞士队适时地出现了第二位重量级选手，同时，费德勒也决定全身心地投入到这一挑战中。在前面几个赛季，他个人的比赛行程使得他输掉了一些淘汰赛。

瑞士队中排名较高的“新”星是斯坦尼斯拉斯 · 瓦林卡，这位右手持拍的选手并非戴维斯杯上的新手，早在 2004 年，在布加勒斯特对阵罗马尼亚的第一轮比赛中，他就进行过首秀。同时，2008 年在北京奥运会上，他还与费德勒搭档夺得过双打的金牌，这也早早显示出他的潜力。到 2014 年，不同的是，

2011 年，费德勒与斯坦尼斯拉斯 · 瓦林卡搭档，在悉尼皇家高尔夫俱乐部出战戴维斯杯双打比赛，对阵澳大利亚人。

瓦林卡现在终于走出费德勒投下的阴影，凭自己的实力成为网坛一个重要的人物。

2014 年伊始，瓦林卡就在澳大利公开赛中取得了重大突破，在墨尔本，排名 8 号种子的瓦林卡带着坚定的决心杀入了四分之一决赛，并遭遇了卫冕冠军诺瓦克 · 德约科维奇，最后在不分伯仲的五盘大战中，他戏剧性地以 9 ： 7 取得了决胜盘的胜利，引起了整个罗德 · 拉沃尔球场的震惊。决赛中，瓦林卡用四盘战胜了头号种子拉法 · 纳达尔，后者在四强赛中击败了费德勒。瓦林卡的这场胜利同样让人意外，但都是他应得的。

所有这一切意味着，瑞士队可以着手为 2014 年的

戴维斯杯做准备了，因为他们现在有了新的大满贯冠军——这是继费德勒之后第二个有此成绩的瑞士人，同时他们还拥有那位系列大满贯冠军得主。这同时也意味着，瓦林卡开始作为世界排名第三的球员进行比赛，这与 2008 年奥运会时极其不同，因为当那一年赛季开始时，瓦林卡的世界排名只是 28 位。

澳网冠军之战结束后仅仅 5 天，挑战就开始了，他们要在诺维萨德对阵塞尔维亚队。对瑞士人来说，好消息是，德约科维奇决定不参加这次比赛，缺少了灵魂人物的塞尔维亚队无法进行有意义的抵抗。费德勒开始像往常一样高歌猛进，在第一场中直落三盘战胜了世界排名 268 位的伊利亚 · 博佐利亚奇。第

费德勒与瓦林卡搭档，在北京奥运会上夺得了男子双打金牌。六年后的2014年，这对组合重新聚首。

一天比赛结束时，瑞士队已经2 ：0领先了，在这一天的第二场比赛中，瓦林卡送走了世界排名在100名开外的杜桑 · 拉约维奇。早早建立的优势意味着接下来的一天中，他们可以在双打比赛中让明星二人组休息一下，替代出场的马克 · 奇乌迪奈利和迈克尔 · 拉莫出色地完成了任务，以四盘赢得了这场比赛。费德勒和瓦林卡没有参加接下来的两场比赛，最后一天进行的剩下的两场比赛已经不会改变结果，尽管塞尔维亚拿走了送到手上的两分，但瑞士队还是安全地进入了四分之一决赛。

四月初，日内瓦巴莱斯堡展览中心熟悉的环境正在等待着他们与哈萨克斯坦争夺一个四强席位。这一次，瓦林卡在第一天就进入了比赛，但他遭到了安德烈 · 戈卢别夫的伏击，以四盘输掉比赛。现在追平比分的任务落在了费德勒的身上，他用三盘轻松战胜米哈伊尔 · 库库什金。现在比分打平了，但是第二天，家乡的观众们惊呆了，费德勒和瓦林卡重现当年的奥运金牌组合，却惜败给戈卢别夫和亚历山大·内多夫耶索夫。瑞士队发现，他们现在意外地以1 ：2落后的方式来到了最后一天。

瓦林卡首场对阵库库什金，当他输掉了第一盘时，整个日内瓦球场的气氛都明显紧张了起来。距离哈萨克斯坦创造一个轰动的结果还差两盘，但瓦林卡奋起直追，轻松拿下了接下来的三盘，三盘比分均是6 ：4，这让东道主可以继续接下来的比赛。现在，一切都取决于费德勒了。尽管在对阵戈卢别夫的第一盘中双方来到了抢七，现场观众的紧张情绪无法缓解，但费德勒仍以7 ：0先下一盘。在接下来的两盘中，费德勒仅仅丢掉了五局，以6 ：2、6 ：3战胜了对手，瑞士队令人欣慰地及时进入了半决赛。

夏季的到来让比赛中断了五个月，9月比赛又在日内瓦重新开始了，他们将与邻国意大利队为最后的决赛席位来进行一场本土德比之战。费德勒一马当先，负责瑞士队的开幕首战，他以7 ： 6、6 ： 4、6 ： 4战胜了世界排名76位的西蒙内 · 博莱利。在随后一天的比赛中，瓦林卡直落三盘战胜了意大利的头号种子法比奥 · 弗格尼尼，确认了领先的优势。瑞士队连交好运，但他们即将后悔在接下来的双打比赛中让费德勒休息的决定，瓦林卡和奇乌迪奈利在双打的五盘大战中输给了博莱利和弗格尼尼。

第三个比赛日到来了。主队还需要宝贵的一分才能让他们在决赛中得到一个位置。像预测的一样，费德勒被派出打头阵，来获取分数。他没犯任何错误地以自己的方式主导着比赛，并以6 ： 2、6 ： 3、7 ： 6击败了弗格尼尼，进而在淘汰赛中以3 ： 1的总比分取得了牢不可破的领先。

当33岁的老将费德勒完成了他的任务时，瑞士观众爆发了，费德勒被瓦林卡和队长塞弗林 · 卢瑟扛在肩上，在球场上进行庆祝。“和你的球迷、你的队友一起分享这激动的情感真是太美好了。”费德勒说，他也展望了将在决赛中遇到的法国队，“那是速度非常快的球场，如果你发球不够好的话，那就总是会犯错——对我们双方来说，那都不会是最好的表现。在对阵法国队时我们曾经有过一些很好的对决，但很高兴我们都来到了决赛。2003年，（在半决赛中）我们经历过一次艰难的失败，今年我们又有了第二次机会。”

瑞士队一步一步地走到了决赛，但这并不是他们的目标。之前三轮戴维斯杯的比赛都是在硬地场地进行的，所以很多人一直担心瑞士队是否能够适应这一次位于里尔的皮埃尔 · 莫鲁瓦的红土球场。但是在决赛开始前的六天，这种担心被更大的担心取代了，因为费德勒的背伤一直没有恢复。讽刺的是，费德勒的背部是在伦敦与瓦林卡的年终总决赛的半决赛中受伤的。尽管他忍受着伤痛直落三盘战胜了戴维斯杯的队友，但伤情还是很严重，这阻止了他在第二天的决赛中战胜德约科维

比赛中，在前面几轮，瑞士组合横扫对手进入了半决赛，他们先是在诺维萨德横扫了塞尔维亚组合，然后在日内瓦战胜了哈萨克斯坦组合。

奇，他就带着这个影响比赛能力的问题来到了里尔。

“即使瑞士队赢了第一天的两场单打比赛，费德勒也不一定能在周日的单打比赛中逆转比分。”《卫报》报道说，“消息人士说，他在练习时没法像天使一样准确地移动。如果费德勒的背伤再次让他输掉决赛，那么法国队将成为拿走胜利的一方。”

费德勒本人却对情况感到很乐观，但他也承认，作为 9 次冠军得主、最近

在半决赛中，瑞士队的对手是意大利队。在单打比赛中，费德勒先后战胜了西蒙内·博莱利和法比奥·弗格尼尼，这让瑞士队自1992年以来第一次进入决赛。

一次夺冠是在2001年的法国队是瑞士队到目前为止遇到的最严峻的挑战。“在我的生命中，在我的职业生涯中，有很多次我都是强忍着伤痛进行比赛的，这不仅是最近几年的事情，在青少年时期就有过这种事情。”费德勒说，“我肯定可以从这些经历中获取些经验。我知道什么是可能的，什么不可能。我知道可以把自己逼到什么境地。很明显，如果我走进了球场，那就意味着我能比赛。尽管可能是艰难的比赛。如果我完全没有伤病，比赛也可能是艰难的，因为观众，因为对手，都会让比赛很难。每个人都会有很多疑问，包括我自己。”

一些疑问被解开了，在揭幕战中，瓦林卡率先走进球场，对阵世界排名第12位的约-威尔弗雷德·特松加。第一盘，瑞士人以6 ：1的比分摧毁了对手，尽管第二盘法国人的状态有所提升并以6 ：3拿下这一盘，但瓦林卡并不打算打持久战，在第三盘和第四盘中，分别以6 ：3、6 ：2结束了比赛，帮助瑞士队拿下了第一分。接下来是费德勒对阵世界排名第18位的盖尔·孟菲尔斯，但是这次瑞士人没能获胜，33岁的费德勒尽力摆脱伤病的影响，但法国人直落三盘赢下比赛，这让整个比赛的比分又持平了，警报再次拉响。

那是让瑞士大本营极其紧张的一天。但是在接下来的一天中，费德勒和瓦林卡出现在了双打的比赛中，并表现得像是重生一样，他们击败了法国组合朱利安·贝内托和理查德·加斯奎特。第一盘瑞士组合以6 ：3圆满拿下，尽管在第二、三盘中，主场作战的法国组合给客场组合制造了一些麻烦，但他们的状态没能回来，最后瑞士队以6 ：3、7 ：5、6 ：4获得了关键的胜利，这让他们更加接近戴维斯杯的首个冠军。

现在轮到法国队遭受不幸了，由于手臂受伤，特松加无法完成第三天的单打比赛。特松加的退出导致加斯奎特要在这场最重要并可能是决定性的比赛中面对费德勒。并且他还要面对巨大的莫鲁瓦球场中27448名大声喧哗的观众——这个数字是竞争性网球比赛观众人数的一个世界纪录。在这种情境下，17个大满贯冠军得主要站出来创造历史。

在之前的14次相遇中，加斯奎特输掉了其中的12次，尽管他的两次胜利都是在红土场上，但比赛一开始，法国人就被站在网对面的对手给震住了。费德勒在自己的发球局只丢掉了四分，第一盘6 ：4取胜。第二盘中，费德勒更加强势地主导了比赛，以6 ：2成为赢家。剩下的一盘全部都是瑞士人在主导，费德勒适时而果断地结束了比赛，再次以6 ：2的比分取得了历史性的胜利。

“网球运动每周都有比赛的节奏意味着运气会随着无休止的规律起起落

2014 年戴维斯杯的决赛上，瑞士队来到了里尔，在皮埃尔·莫鲁瓦室内红土球场上对阵 9 次戴维斯杯冠军得主法国队。

落，”《今日美国》说，“但是即使在那些习以为常的起落中，罗杰 · 费德勒最近七天的表现也是突出的。一周前，33 岁的瑞士人出现在伦敦 O2 球场为比赛热身，他忧郁地告诉粉丝，他没法出现在 ATP 年终总决赛对阵诺瓦克 · 德约科维奇的决赛中了。在一场对阵戴维斯杯队友瓦林卡的半决赛硬仗中，费德勒的背部受伤。时间快速来到周日，费德勒的背部恢复正常了，他痛并快乐着，当瑞士国歌奏响时，他的右臂靠在了瓦林卡的肩膀上。”

瑞士获胜后 BBC 网球记者拉塞尔 · 富勒写道：“最终，是特松加的手肘，而非费德勒的背部，成了比赛的薄弱环节。加斯奎特无法享受罗兰加洛斯球场上的比赛，费德勒无情而又直截了当的胜利似乎无法避免，更毋庸说创造了世界纪录的本土观众把整个国家的希望都放在了加斯奎特的肩上。对费德勒来说，这是另一项胜利，现在他所获得的成就更加圆满了。对瓦林卡来说也是很圆满的，在赛季的最后一周中，他打得就像赛季初获得澳网冠军时一样好。”

在 2014 年费德勒对这个冠军的贡献是杰出的。总的来说，他一共打了七场单打，赢了其中的六场，参加了两场双打比赛，赢了一场。瑞士队真正的挑战在于瓦林卡的表现，他赢得了四场单打和一场双打，但是在通往胜利的道路上，在那些关键时刻，费德勒提供了额外的火力。

2015 年 9 月，在日内瓦，费德勒回到戴维斯杯，在世界组附加赛中帮助本国球队击败了荷兰队，在两场单打比赛中他均获胜。时至今日，那是他最后一次为国

决赛的第一天，在单打比赛中费德勒出人意料地输给了盖尔 · 孟菲尔斯。但第二天在双打比赛中，他的状态又回来了，让瑞士队以 2 ：1 领先。

FRA
SUISSE

第三天，费德勒直落三盘击败理查德·加斯奎特，这让瑞士队取得了 3 ： 1 的绝对优势，也让瑞士首次成功获得戴维斯杯。

而战，之后他一直在控制自己的参赛安排，保护自己的身体，延长运动生命。

然而，他仍是戴维斯杯历史上最成功的瑞士选手。无论是过去还是现在，他的同胞中没有人取得同样的成绩，他在 48 场单打比赛中赢了 40 场，在单打和双打共计 70 场比赛中赢了其中的 52 场，同时，长达 15 年的戴维斯杯生涯这一纪录也只有海恩兹 · 根达特可以追平，1976—1990 年间，根达特是瑞士队的一员。

*“这个冠军是给我的队友们的，不是给我个人的，我已经赢得够多的了。我很高兴能给这个国家中每个人一个历史性的时刻。在过去这些年，斯坦为这项比赛做了很多努力。这个周末他打得让人难以置信，这些让我今天有了机会。在我们的国家，在瑞士，对体育运动来说，我想这是非常棒的一天，虽然我们是一个小国。在其他时候，我们没有赢得过更大的赛事。所以从这一点出发，我想这是很重要的一天。无疑，在我的职业生涯中，这自然也是感觉非常好的一天。”*

—— 费德勒回顾瑞士队在戴维斯杯上的胜利

瑞士队在戴维斯杯上获得了历史性的胜利，这一胜利建立在费德勒在七场单打比赛中六次获胜的基础上。

2004 年，在迈阿密公开赛中，费德勒与西班牙人拉法·纳达尔首次在 32 强中相遇，开启了他们史诗般的、定义时代的竞争。

# 9

# 史诗般的竞争

# 史诗般的竞争

网球运动的竞争性不断提升着这项运动的水平，在打破纪录的 20 年职业生涯中，费德勒与网球运动中很多伟大的球员交过手。

从参与竞赛的运动员数量来看，ATP 巡回赛可以夸耀这项运动的参赛者数量庞大，但不可避免地，总是只有一小部分骨干才能成为一系列头衔的挑战者，这些人通常用自己的方式直接打到各项比赛的决赛，最后，赢得冠军奖杯。在这些人中，费德勒是佼佼者，在他 20 年的职业生涯中，他也遭遇了来自挑战者一系列生猛而又吸引人的对其王冠的挑战。

他真正不断面对的第一个重量级对手是安德烈 · 阿加西。来自美国的伟大的风云人物，也是 8 个大满贯冠军得主，与年轻的瑞士人只遭遇了 11 次，其中 4 次是在大满贯赛事中，但他们的相遇主要象征着双方地位的变化，阿加西这一代逐渐要退出比赛，而费德勒正在崛起成为赛场上的主导者。在最初的三次相遇中，阿加西都是比赛的胜利者。第一次是 1998 年在费德勒的故乡巴塞尔举办的瑞士室内赛中。但 5 年后，自从瑞士人在休斯敦大师杯中打开了获胜的匣子，比赛就改变了形势，变成了一条不断强化的单行道。

他们之间最伟大的一次相遇是 2004 年的美网，在法拉盛的四分之一决赛中。此时，费德勒已经是头号种子，拥有三个大满贯冠军，而阿加西位列第六号种子。这一对的比赛前面四盘各自交替拿下两盘，第五盘，费德勒以 6 ∶ 3 结束战斗。2005 年，他们再次在美网的决赛中相遇，这次卫冕冠军费德勒只用了四盘就战胜了 35 岁的对手，取得了第六个大满贯冠军。到 2006 年阿加西退役时，他与瑞士人对阵的记录是 3 ∶ 8 负于对手。

费德勒的第二个可能的“篡位者”是莱顿 · 休伊特。1998 年，澳大利亚人休伊特与费德勒同一年转入职业赛场，但拥有好斗的、进攻型的行为举止

费德勒与阿加西职业生涯中 11 次交手，最著名的一次是 2005 年的美网决赛。

2005 年，费德勒与安德烈·阿加西在迪拜帆船酒店顶楼高出海平面 220 米的球场上进行了一场表演赛。

和不太流畅的技术的休伊特在很多方面都是对手的对立面。退回到 1996 年的青少年巡回赛中，两人就已经有过交手。三年后，在里昂网球大奖赛中，作为羽翼丰满的职业球员他们再次相遇，重新认识了彼此，在最后的 32 强比赛中，澳大利亚人以 2 ： 1 的比分成为赢家。

在早期的交手中，休伊特主导着比赛的进程，在前 9 次比赛中，他赢得了 7 次胜利，其中包括 2003 年在戴维斯杯半决赛中用两盘赢下的戏剧性胜利，这场让人印象深刻的反击把瑞士队淘汰出局，同时让澳大利亚队进入了决赛，并最终赢得了冠军。然而，在接下来的 2004 年，一切都改变了。这一年，他们第一次在大满贯比赛中相遇，面对着休伊特家乡的观众，费德勒在澳大利亚公开赛的 16 强比赛中用四盘取得了胜利。这是瑞士人逐渐增强的统治力的发端，在接下来的 17 次交手中，费德勒将赢下其中的 15 次。

在大满贯的决赛中，费德勒与休伊特只相遇过一次，也就是 2004 年美网的决赛。费德勒正瞄准着他在纽约的第一个大满贯冠军，同时休伊特也希望能重复 2001 年在法拉盛的胜利，但比赛结果却是一边倒的，瑞士人在空前短的时间内以 6 ： 0、7 ： 6、6 ： 0 的比分摧毁了澳大利亚人。休伊特后来还经历过多次这一让人沮丧的结果，2004—2005 年间，他在大满贯比赛中五次输给费德勒。每一次，最后都是费德勒拿走了胜利。

这对昔日的双打搭档在 1999 年曾经一起打入过温网的第三轮。他们最后一次交手是在 2014 年的布里斯班国际赛中，这是他们职业生涯的第 27 次相遇，距离第一次交手已经有 15 年了。休伊特以 2 ： 1 的比分结束了他们之间的竞争，这多少给了他一些满足感，但这只是对与瑞士人七次大满贯对决七次失败的一点微小的安慰。

紧跟休伊特脚步而来的是安迪 · 罗迪克，他第一次与费德勒交手是在 2001 年。倘若澳大利亚人休伊特怀疑过在大满贯比赛中瑞士人是他的克星的话，那么在大满贯决赛中四次输给对手之后，美国人罗迪克已经对此深信不疑。这对新晋对手之间最引人注目的一点是，与阿加西和休伊特不同，罗迪克是第一位拥有强大的发球能力，能在速度更快的硬地和草地上真正对费德勒形成挑战的顶尖选手。无论罗迪克发过来的球速度和力量如何，费德勒总是能准确回球是两人 24 次交手费德勒赢得其中 21 次的关键因素，以致最后，这催生了美国人备受争议的评论："我必须得赢得一些比赛了，这样才能叫作竞争。"

在大满贯比赛中，费德勒与
莱顿 · 休伊特曾八次交手，
费德勒赢了所有这些比赛。

与罗迪克的首次交手发生在费德勒的“后院”——2001 年在巴塞尔举办的瑞士室内赛，费德勒在家乡球迷的支持下取得了胜利。两年后，在加拿大公开赛上，罗迪克首次开张，赢得了比赛。但最终定义他们之间动态关系的是双方在大满贯比赛中头对头交手记录，以及 2004 年年初费德勒剥夺了罗迪克世界第一的王冠的事实。2003 年，罗迪克赢得了美网冠军，但是随着费德勒在 2004 年、2005 年温网决赛以及 2006 年美网的胜利，他想要在自己的履历中增加一项大满贯冠军的希望彻底破灭。2009 年温网的决赛是罗迪克最后的救赎机会，但在这场马拉松大战之后，留给罗迪克的是失望的眼泪，而非胜利的喜悦，在第五盘中，费德勒以 16 ： 14 赢下比赛，并且这一盘的比赛用时让

2009 年温网决赛中，费德勒的对手是安迪 · 罗迪克，在第五盘中他戏剧性地以 16 ： 14 赢得了冠军，这场比赛被广泛认为是网球史上最伟大的比赛之一。

人难以置信，为打破纪录的 1 小时 35 分钟。

到 21 世纪前 10 年中后期，关于费德勒最伟大对手的故事中就没有新的挑战者了，除了三个人：拉法 · 纳达尔、安迪 · 穆雷和诺瓦克 · 德约科维奇。现在网坛有“四巨头”的说法，现在不是一个人主宰网坛的时代了，瑞士人越来越发现自己在多条战线上都面临着攻击。

西班牙人纳达尔是三人攻击小组中第一个赤膊上阵的，2004 年他们首次在迈阿密公开赛中相遇。对许多网球迷来说，他们的对决是这项运动有史以来最伟大的比赛，甚至让约翰 · 麦肯罗与伊万 · 伦德尔、鲍里斯 · 贝克尔与斯蒂芬 · 埃德伯格，或者比约 · 博格与吉米 · 康纳斯之间的对决都黯然失色。

过往的交手记录确认了这些对决的重要性以及在不同球场上他们各自的偏好。在（截至 2018 年 9 月底）38 次交手中，在硬地和草地上，费德勒以 13 ∶ 10 领先纳达尔，但在钟爱的红土场地上，西班牙人保持着 13 ∶ 2 的赢球纪录。

当费德勒与纳达尔相遇时，两人的运气对比非常鲜明，这主要取决于球场。2007 年，他们在马洛卡进行了一场名为“领地之战”的表演赛。在这场比赛中，费德勒站在草地这一边，而纳达尔那边的场地是红土。“这个想法真的很吸引我，因为我们都主宰着自己这一边。”瑞士人说，“拉法在红土系列赛中拥有 72 次胜利，而我在草地上已经 48 场没有被击败过。”这场比赛的结果是，西班牙人在三盘比赛中略占上风，并且第三盘以抢七获胜。

更沉重的是大满贯冠军的归属问题，这一对对手在大满贯决赛中相遇过 9 次。前两次分别是 2006 年在巴黎的红土场上，纳达尔获胜，仅仅几周后，在温布尔登的草地上费德勒成功复仇。接下来的 2007 年是同样的故事，西班牙人成功地捍卫了他的法网桂冠，然后瑞士人在温网取胜。然而，到了 2008 年，这种平衡被打破了。像预测的那样，纳达尔在罗兰加洛斯上演了帽子戏法，但在温布尔登，虽然费德勒广受期待，但他却没能实现卫冕，在中央球场的史诗级五盘大战中，纳达尔击败了他。这场比赛不止一次被票选为史上最伟大的比赛，纳达尔首次成为全英俱乐部的冠军。2017 年澳大利亚公开赛决赛再次上演了同一幕，费德勒再次对阵纳达尔，这次是费德勒最终登顶，在第五盘的决胜盘中以 6 ∶ 3 获胜，拿走了自己的第五个澳网冠军。

这一对对手也曾在 ATP 年终总决赛——非正式的第五大满贯中三次交手。第一次是 2010 年，在伦敦 O2 球场的决赛中，瑞士人以 6 ∶ 3、3 ∶ 6、6 ∶ 1 胜出。

Wilson

费德勒与纳达尔创纪录地九次相遇于大满贯决赛，第一次相遇是在 2006 年，在法网决赛的罗兰加洛斯球场上。

费德勒与纳达尔长期的、戏剧性的竞争具有这样的特点：两人各自主宰着温布尔登的草地球场和巴黎的红土球场。

KIA
KIA MOTORS
OXIDOC
KIA
KIA MOTORS
KIA
KIA MOTORS

*“罗杰是一位杰出的冠军。当他打得好时，我必须打出让人难以置信的水准，这几乎不可能，尤其当他充满自信地比赛时。当他百分百发挥出自己的水平时，他就是在另外一个境界中比赛，想要阻止他几乎不可能。如果有人说我打得比罗杰好，那他压根就不懂网球。每个人都会说，罗杰是整个网球时代中最伟大的选手，因为看他比赛真是太妙了。他是史上最好的选手，其他任何选手都没达到他的水平。”*

——拉法·纳达尔对费德勒的评论

接下来的 2011 年，在循环赛阶段，重复了同样的结果。然而，到了 2013 年，轮到西班牙人在半决赛中击倒多年来的对手。

多年来，对 ATP 世界第一的排名的争夺也是他们之间关系的另一项重要内容。费德勒拥有累计最长的排名世界第一的纪录（310 周），并同时拥有最长的连续排名世界第一的纪录（237 周），但为了这顶王冠，两人一直在进行着激烈的竞争。2008 年 8 月，正是西班牙人纳达尔夺走了瑞士人的世界第一。接下来的 2009 年 7 月，又是费德勒回报了西班牙人的“恩惠”，重新夺回世界第一的排名。总的来说，在 ATP 排名第一的位置上，纳达尔曾五次取代费德勒，同时费德勒曾四次颠覆纳达尔的统治。“我是世界第一的粉丝。”费德勒在 2017 年谈到纳达尔时说，“我觉得他的比赛非常精彩。他是一个不可思

2012年，在伦敦奥运会上，在温布尔登球场的男单决赛中，费德勒与安迪·穆雷第17次相遇。

费德勒与诺瓦克·德约科维奇第一次在大满贯相遇是2007年的美网决赛上，在法拉盛瑞士人直落三盘赢得了胜利。

议的对手，我很高兴过去我们进行过一些史诗级的比赛。”

英国的穆雷是“三巨头”中下一个想要加入挑战者行列的人，2005年在曼谷泰国公开赛的决赛中，穆雷站在了世界第一费德勒的对面。在他们的首次相遇中，费德勒以2 ：0的胜利结束了战斗，但这只是这一对对手之间激烈对抗的开始，最终我们将看到，在仅有的对费德勒握有10次以上胜利中的三人中，穆雷占据了一席之地。

对英国人来说，比较伤感的是，所有这些胜利没有一次是在四大满贯的初次相遇中取得的。穆雷与费德勒前三次大满贯比赛都是决赛——2008年的美网、2010年的澳网以及2012年的温网。穆雷最终结束大满贯对阵费德勒不胜是在2013年，当时，在墨尔本半决赛的五盘大战中，他击败了费德勒。一年后，在罗德 · 拉沃尔球场，瑞士人在八强赛中用胜利重新调整了对阵结果的平衡。2015年，费德勒再次证明了自己的强大，当时他们在温网第二次相遇，费德勒直落三盘为自己争取了一个决赛的席位。

然而，2012年在伦敦奥运会上，在温布尔登对阵瑞士人是穆雷此生最难忘的比赛。四年前在北京奥运会上，费德勒已经获得过一块双打的金牌，这次他希望再获得一块单打的金牌。然而在全英俱乐部，他的这个希望被本土宠儿给破坏了，以6 ：2、6 ：1、6 ：4乖乖交出了胜利。

最后不能不提十分重要的德约科维奇。德约科维奇与费德勒之间的竞争非常有趣，自2006年首次在蒙特卡洛交手以来，开始时天平总是摆向费德勒这一边，然后又摆向德约科维奇那一边。纳达尔和穆雷都不曾连续四次以上战胜过费德勒，其他人更不用说了。这也与费德勒和纳达尔之间的动态平衡不同。两人戏剧性地展开了这种对抗，他们都更喜欢在硬地和草地上进行冒险，而不喜欢相对松软的红土球场。

在大满贯的历史上，费德勒与德约科维奇拥有最多的15次头对头比赛纪录，这为他们持续不断的争斗增加了史诗般的色彩。各种异想天开的排名系统显示，在大满贯比赛中，他们交手的15次中有10次是在半决赛阶段。费德勒赢得了其中的3次，而德约科维奇赢了7次。在大满贯决赛的交手中，塞尔维亚人也拥有优势。四次决赛相遇，第一次发生在2007年的美国公开赛，对三号种子德约科维奇来说，当时的瑞士人过于强大，瑞士人直落三盘赢得比赛。而到了2014年和2015年，我们看到，德约科维奇扭转了比赛结果，背对背先赢下了温网，然后又酣畅淋漓地在美网取胜。

所以在大满贯比赛中，塞尔维亚人占据上风，但从总的职业生涯来看，他们头对头的比赛揭示的是持续的、激烈的竞争，两人都很享受这种竞争，因为按理说，他们都喜欢快速的场地，并拥有相似的风格。截至2018年9月，德约科维奇已经用对对手的24胜和对手的22胜缩小了彼此的距离。但需要指出的是，在他们多年来充满戏剧性的46场职业对抗中，有15场比赛需要通过决胜盘来决出胜负。

瑞士人与塞尔维亚人之间长期的竞争关系具有这样的特点：两人在四大满贯中的每一个都战胜过对方。

UNI
QLO

瑞士人已经忍受了五个赛季没有大满贯冠军入账，他为2017赛季做好了准备，这是他参加ATP巡回赛的第19个年头。

# 10

# 非凡的复兴

# 非凡的复兴

在现代专业体育无情的竞争中，能够长时间保持在精英水平的人越来越稀少。但在 2017 年，紧接着又在 2018 年，费德勒证明了年龄和 20 年的 ATP 体育生涯从未磨灭他的传奇力量。

2012 年，罗杰 · 费德勒赢得温布尔登冠军时已经 30 岁，这一年他追平了皮特 · 桑普拉斯的 7 个温网单打冠军纪录，当时很多人以为，这是伟大的瑞士人最后一次举起大满贯冠军奖杯了。在赢得最后一个大满贯冠军——2002 年的美网冠军时，桑普拉斯已经 31 岁。但是随着拉法 · 纳达尔和诺瓦克 · 德约科维奇等新生力量的崛起，似乎瑞士明星将不可避免地暗淡下去。

在帮助瑞士队获得戴维斯杯的狂喜之后，费德勒在 2015 年的表现似乎让上述观点更有说服力。这一年在澳大利亚公开赛中，费德勒三轮之后被淘汰；接着在巴黎的法网，在半决赛中被击败，这与之前现象级的表现相比是让人失望的。尽管这一年费德勒来到了温网和美网的决赛，但两次都被年轻 6 岁的德约科维奇四盘击败。似乎，费德勒守护自己的胜利的能力正在改变，他将不得不满足于 17 个大满贯冠军纪录。

2016 年，没有什么能消除瑞士人的职业生涯即将到终点的情绪，他仍旧在不费力气地、优雅地衰退，并且不再拥有往日的力量。在澳大利亚公开赛半决赛的四盘比赛中，德约科维奇再次证明，对费德勒来说，他太强大了。在温布尔登，在四强赛中，他又被世界排名第七的加拿大人米洛斯 · 拉奥尼奇击败。现在，即使是他最铁杆的粉丝，这一事实也越来越被接受：费德勒正在慢慢下滑。背部和膝盖的伤都对他的事业没什么帮助，背部的伤甚至让他无法参加法网——这结束了他连续 65 次出现在大满贯巡回赛中的纪录，这一纪录开始于 17 年前他在罗兰加洛斯的首秀。膝盖的伤让他职业生涯以来首次接受了手术，这迫使他错过了美网。残酷的事实是，他以世界第 16 位的低排名结束了这一

在澳大利亚公开赛的决赛中，费德勒面对着拉法·纳达尔，这是他自2010年以来第一次在墨尔本来到决赛。

个赛季，并且是自遥远的2000年以来，第一次在整个赛季没有拿到一个ATP冠军。

2017年1月，当费德勒来到墨尔本，职业生涯第18次参加澳大利亚公开赛并寻求第5个冠军时，人们对此的期望并不大。他以较低的17号种子排名来参加比赛。尽管在前面几轮他都没什么危险地轻松过关，但到了第四轮，他要面对排名较高的选手。根据他最近的状态和声望，在此轮他的比赛将要结束了。

费德勒用胜利嘲笑了这一理论。在32强比赛中，费德勒在五盘惊心动魄的大战中将五号种子、日本的锦织圭打发回家，然后在四分之一决赛中，他又直落三盘

击败了德国人米沙·兹维列夫。在四强赛中，在另一场史诗级别的五盘大战中，四号种子、同胞斯坦·瓦林卡成为他的下一个受害者，费德勒打破所有赔率进入了墨尔本的决赛。

这是费德勒第九次在大满贯决赛中与纳达尔相遇，这场比赛也是八年前他们在墨尔本的那次决战的重演。在先前的八次大满贯决赛交手中，西班牙人已经赢了六次，其中包括2009年他们在罗德·拉沃尔球场的那次相遇。鉴于瑞士人近期的艰难处境和身上的健康问题，以及澳大利亚公开赛是他去年夏天参加完温布尔登的比赛之后的第一项巡回赛事，所以纳达尔更被看好将突

在戏剧性的五盘大战中，费德勒战胜了西班牙人，这带给他第18个大满贯冠军，也为八年前在澳网决赛中的失败复了仇。

费德勒在 35 岁时令人激动地获得了第五个澳网桂冠，这也证明了他灿烂的职业生涯远未结束。

然终结费德勒的复兴之路。

也许是命中注定，这项运动中最伟大的两个对手将合力用魔法召唤出一场毋庸置疑的经典比赛。第一盘费德勒6：4获胜，在自己的发球局中，费德勒仅丢了四分。第二盘中纳达尔表现出了标志性的好斗性格，以6：3获胜。第三盘，费德勒遥遥领先，两次破发后舒服地以6：1取得胜利。但在第四盘，纳达尔完成了任务，再次成功地追平了比分。比赛进入了让人无法呼吸的决胜盘。开局的破发让纳达尔取得了3：1的领先，但费德勒像是回到了过去光荣的年代，连续赢了五局，并在3小时37分钟的轮番获胜之后，以6：3拿下了第五盘。

“到现在为止，我参加澳网已经将近20年了，我一直很享受这里的比赛，现在我的家人也非常享受。”在时隔五年夺得第18个大满贯之后，费德勒如是说，“再次感谢所有这一切，所有人。我希望明年还能看到你们。这是一次非常棒的旅行，我非常高兴赢得了比赛。网球是一项艰难的运动，没有平局。如果有的话，我会很开心与拉法一起分享冠军。每个人都说他们非常努力，我也一样，但我尽量不声张。我想要感谢我的团队，过去六个月很不一样。我没想过我能拿到冠军，但现在我做到了。”

在35岁的年纪赢得大满贯的费德勒比1972年在家乡赢得大满贯冠军头衔的澳大利亚传奇肯·罗斯沃尔还年轻两岁。即使不是史上最年长的大满贯冠军得主，网球媒体仍在怀疑已处于职业生涯中晚期的网坛老兵这个胜利的意义。“当然，这场比赛就是冲着五盘去的。”BBC的汤姆·福代斯写道，“当然，它就是让你对这四个小时感到厌倦。当然，这就是其他决赛和其他选手无法取得的成功。就在本次费德勒与纳达尔的澳网决赛之前，人们感觉这就像是1979年的披头士为了一次公演而做出的改变。当费德勒用一记正手结束比赛时，就好像披头士刚刚发布了新款左手手枪，而此时墨尔本已经进入深夜了。费德勒不仅被认为已经过了全盛时期，并且已经过了后全盛时期，从逻辑上来看，他还遭受了年龄的惩罚，经历了不容置疑的时间的流逝。在刚刚过去的三大满贯中，他所获得的可能不仅仅是18个单打大满贯中最佳的那个，而且可能是所有大满贯胜利中最伟大的那个。”

随后，在这一年的法网上，对重新恢复活力的瑞士人来说，直奔第二个法网冠军头衔是非常有诱惑力的。但自动放弃更是一种勇气，他宣布不会前往罗兰加洛斯，同时放弃了整个红土赛季的比赛以保护自己的身体，并集中所有精力于温网。事实证明这是一个聪明的决定。

在全英俱乐部，瑞士人排名三号种子，这一排名是他在墨尔本的那场决赛中拉撒路式重回巅峰的反映。他再次被大多数人看作是最可能夺冠的人选，而他已有五年没有赢过这项比赛的冠军了。很明显，费德勒沉醉于公众对自己的信心，以不失一盘的成绩第11次冲进温网决赛。在决赛中，他的对手是克罗地亚人马林·西里奇，这是他们的第8次交手、第4次大满贯交手。不幸的是，由于西里奇左脚上长了一个让他疼痛难忍的水疱，让这场发生在中央球场上的重大比赛大打折扣。在第二盘当他挣扎着想要自由移动时，甚至忍不住落泪。但费德勒仍于己不利地对备受挫折的对手表示了同情，直到比赛结束。最后他

在妻子米尔卡和四个孩子的见证下，以一边倒的6 ：3、6 ：1、6 ：4的比分赢得了比赛，用时仅1小时41分钟。

“赢得8个冠军头衔非常特别。”费德勒说，“温布尔登一直是我最喜欢的巡回赛，并将永远是我最喜欢的巡回赛。我的偶像们都曾走上这儿的球场。因为他们，我觉得我可以成为更好的球员。很明显，数字8对我意味着很多，因为成为温布尔登历史中的一部分真的很奇妙。我想，我的双胞胎儿子会觉得这是一道美丽的风景，是一个非常棒的球场——但愿有一天他们能理解这一点。他们都是为了决赛而来。对我的家人和团队来说，这是美妙的一刻。这就是我们的时刻。感谢温布尔登，感谢瑞士。”

2017年夏天，费德勒的家人陪伴他一起来到温布尔登，见证了他破纪录地获得了第8个全英桂冠。

这并非是职业生涯中的第一次了，不可思议的瑞士人那天又创造了一系列新纪录。他以35岁11个月的

瑞士人在中央球场直落三盘战胜了马林·西里奇，这让他超越了皮特·桑普拉斯和威廉姆·伦肖，成为温布尔登历史上最成功的男子球员。

年纪成为公开赛时代以来年纪最大的温网冠军得主。第 8 个温网桂冠也让他超越了皮特 · 桑普拉斯和 19 世纪的网球先锋威廉姆 · 伦肖，这两个人都握有 7 个温网单打冠军，都曾经是温网这项最古老的大满贯赛事漫长而卓越的历史中最成功的男子选手。他也成为 1976 年比约 · 博格以来第一位不失一盘拿下冠军奖杯的人。他 11 次来到温网决赛也是一项纪录，而 70 次出现在大满贯巡回赛中同样是一项纪录。第三轮中，他战胜了德国

在传统的冠军晚宴上，费德勒再次捧起了温布尔登冠军奖杯，旁边是 2017 年温网女单冠军得主、西班牙人加尔比妮 · 穆古拉扎。

人米沙·兹维列夫，这一胜利是他在大满贯单打比赛中的第317个胜利，超越了塞蕾娜·威廉姆斯里程碑般的316个胜利，小威廉姆斯的316次胜利曾使她成为大满贯历史中获胜最多的选手。

在美网，费德勒在四分之一决赛中输给了胡安·马丁·德尔波特罗，年底在回到伦敦的ATP年终总决赛时，在半决赛中又遭大卫·戈芬逆转，这些意味着费德勒是以一种低调的方式结束了这一年，但这并不会贬损这一点：2017年，瑞士人已经以令人惊讶的方式重生了。这一年是自2009年以来第一个赢得多个大满贯冠军的赛季，而全年赢得7个冠军头衔的纪录也是十年来的最佳战绩。全年52 ：5的赢输比也是11年中最好的纪录。

费德勒为2018年的比赛做好了准备，他对比赛的期待是显而易见的。所有的目光都转向了墨尔本和澳大利亚公开赛，人们最关心的问题是，是否2017年已经成为充满荣耀的绝唱，他是否还能保持空前绝后的回归状态。

他很快就给出了一个毫不含糊的答案，在澳大利亚，他直落三盘地横扫了一个又一个对手，最后强势地来到了决赛。事实上，在四强赛第二盘最后，韩国选手郑泫的退赛对费德勒也有一定的帮助，但在对手被迫退赛时，比赛已经完全在费德勒的掌控中，最后费德勒直接第7次来到了澳大利亚公开赛的决赛。在决赛中等待费德勒的又是西里奇，但与7个月前他们在温网的相遇不同，现在29岁的克罗地亚人没有任何脚伤的困扰，他已经在身体上做好了迎接一项有可能成功的挑战。

然而，第一盘，费德勒开盘就连下四局，并用连续的ACE球结束了这一盘。第二盘，没人能取得破发，在抢七中，西里奇以7 ：5赢下这一盘。但在第三盘中，费德勒再次发力，以6 ：3拿下。第四盘第四局中，费德勒浪费了两个破发点，而西里奇却在比赛中第一次破了费德勒的发球局，以6 ：3赢下这一盘。比赛要进入决胜盘了。费德勒在第二局中完成的破发看起来要让西里奇众所周知的复仇梦破碎了，最终卫冕冠军真的没遇什么麻烦地以6 ：1拿下这一盘，赢得了冠军头衔。

“罗杰·费德勒从来不是一个会隐藏情感的人，周日，在成为历史上第一个赢得20个大满贯冠军的人之后，36岁的瑞士人泪如涌泉。”保罗·纽曼在《独立报》上写道，“在颁奖典礼上，费德勒艰难地完成了他的致词，他以6 ：2、6 ：7、6 ：3、3 ：6、6 ：1击败了马林·西里奇，第6次获得了澳大利亚公开赛冠军。继2009年在决赛中输给拉法·纳达尔——这是他7次进入决赛唯一一次输球——之后，费德勒著名的大哭又出现了，他再次被情感战胜了。整个体育场的观众都站了起来为费德勒鼓掌，继而又是令人注目的站立欢呼，同时大屏幕上，眼泪滚落费德勒的脸庞。全时代以来最伟大的网球选手被迫去为他最后的冠军而奋战，但假如还有人怀疑他是否还能重复去年的辉煌，当他因伤休息六个月回归之后赢得了两个大满贯冠军时，他们的疑问无疑已经被消除了。”

他在澳大利亚的英勇行为再次刷新了网球运动长期保持的一些纪录。作为第一位拿到 20 个大满贯冠军的男子球员，费德勒加入了伟大的女子网球运动员玛格丽特·考特、塞蕾娜·威廉姆斯和施特菲·格拉芙的行列，成为四位达到这一里程碑般成就中唯一一位男子运动员。同时从 2003 年赢得温网开始，到 2018 年在墨尔本获得冠军，这之间跨越了 14 年 6 个月零 23 天，这一时间跨度是公开赛历史上跨度最长的大满贯胜利。在击败西里奇时，费德勒已经 36 岁 173 天了，他成为公开赛时代以来第四位在 30 岁后还赢得了 4 个大满贯冠军的选手。他在罗德·拉沃尔球场的胜利也是他职业生涯第 10 次成功卫冕大满贯冠军头衔，这也是史无前例的。

也许，无法避免的是，这一问题将要追随到最后的胜利：这种让人印象深刻的违反年龄规律的状态还能保持多久？“本质上，我不觉得年龄是个问题。”费德勒回复道，“年龄只是个数字。在 12 个月里，我已经赢得了 3 个大满贯。我自己都不能相信。我只是学习去保持一个良好的作息时间，并保持渴望，然后可能好事就会发生。但我对自己的计划非常谨慎，我会预先想好到底我的目标是什么，我优先考虑的是什么。我觉得，现在发生的一切说明我将能够非常成功地向前进。但我非常高兴，我现在就在那个状态里。”

2018 年并没有产生第 21 个大满贯冠军——最接近

在 2017 年获得两项大满贯冠军之后，瑞士常青树于 2018 年 1 月来到了澳大利亚，史无前例地获得了第 20 个大满贯冠军。

这个目标的一次是在温布尔登，他来到了四分之一决赛。但在 2 月，仍有很好的理由来庆祝一下，在这个月他在鹿特丹赢得了第 97 个 ATP 巡回赛冠军，这一成绩让他在职业生涯中第 4 次回到了世界第一的位置。在 36 岁的年纪，他成了最年长的世界第一。到 2018 年底，在两次登顶世界第一之后，他已经创纪录地在世界第一的位置上待了 310 周，这是当之无愧的网球史上最佳球员。

对费德勒来说，未来究竟将会发生什么是很难预测的。显而易见的是，那

对打破纪录的温网冠军数和20个大满贯冠军数，早在几年前，即使是费德勒自己也几乎不敢想象。

些在他进入30岁时就开始为他的运动生涯撰写“讣告”的人都被证明过于草率，如果参照他在2017和2018年对年龄的对抗，那么打赌他不会再拿另一个大满贯冠军也是不明智的。那一天终究将不可以免地到来，瑞士传奇终究将会收起他的球拍，但看起来这一天并不在眼前。

*“罗杰·费德勒站在了温布尔登男子网球史上的最高点。带着不失一盘在全英俱乐部第8次夺冠以及第19个大满贯冠军的纪录，35岁的费德勒保持着领先的位置。这个胜利也意味着下个月就即将36岁的瑞士大师超越了号称‘火枪手’的大力发球手、美国人皮特·桑普拉斯以及维多利亚时代伟大的威廉姆·伦肖，他们都夺得过7个温网冠军。使这一胜利更加让人印象深刻的是，由于去年的良好表现，似乎费德勒挥舞他的球拍就像挥舞一把史特拉第瓦里小提琴一样的时代又出现了。”*

——西恩·英格莱，《卫报》

在罗德·拉沃尔球场上对西里奇的胜利是费德勒生涯中第 30 次出现在大满贯决赛赛场上，这已经是他获得第一个大满贯冠军的 15 年后。

1998年，在温布尔登青少年组的决赛中，费德勒击败了伊拉克利·拉巴泽获得冠军，这已证明了这位少年的巨大潜能。

# 附录 职业生涯统计数据

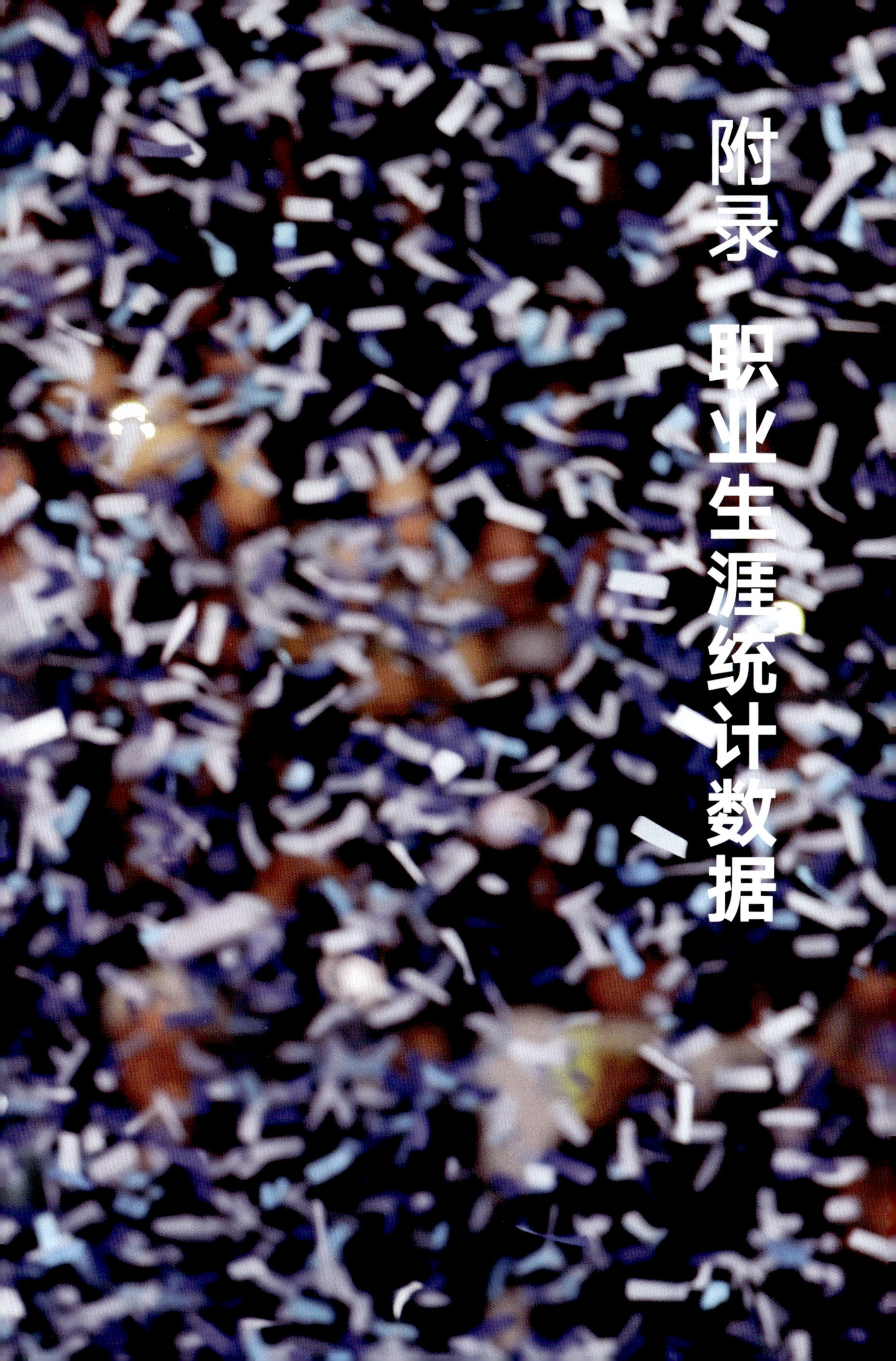

# 青少年时期单打记录

## 1996年

| 赛事 | 时间 | 对手 | 结果 |
|---|---|---|---|
| 瑞士青少年锦标赛（瑞士达沃斯） | 7月15—21日 | 内森·海利（澳大利亚） | 获胜—16强—7：6、4：6、4：6 |
| 世界青年杯决赛（瑞士） | 9月10—14日 | 莱顿·休伊特（澳大利亚） | 获胜—正赛—4：6、7：6、6：4 |
| | | 费比·维迪扬托（印度） | 输—附加赛—5：7、7：5、5：7 |
| | | 维杰·坎南（印度） | 获胜—附加赛—6：0、7：6 |
| | | 纳乌埃尔·弗拉卡西（意大利） | 获胜—附加赛—3：6、6：3、6：1 |
| 阳光杯决赛（美国佛罗里达） | 12月 | 佩特·克拉莱特（捷克） | 输—循环赛—6：1、0：6、1：6 |
| | | 阿德里安·加西亚（智利） | 获胜—循环赛—5：7、6：2、6：2 |
| | | 巴拉兹·瓦西（匈牙利） | 输—循环赛—5：7、2：6 |
| | | 蔡翰辉（中国台北） | 获胜—循环赛—6：3、6：0 |
| 卡萨布兰卡杯（墨西哥特拉尔内潘特拉） | 12月22—28日 | 塞巴斯蒂恩·艾克勒（德国） | 输—32强—6：7、6：3、5：7 |
| 咖啡碗（哥斯达黎加圣何塞） | 12月30日—次年1月5日 | 迪亚哥·阿亚拉（美国） | 输—16强—4：6、1：6 |

## 1997年

| 赛事 | 时间 | 对手 | 结果 |
|---|---|---|---|
| 委内瑞拉国际青少年锦标赛（委内瑞拉加拉加斯） | 1月6—12日 | 杰罗姆·黑内尔（法国） | 输—64强—2：6、4：6 |
| 佛罗伦萨城市国际锦标赛（意大利佛罗伦萨） | 3月24—30日 | 戴维德·布拉曼蒂（意大利） | 输—64强—4：6、6：3、6：7 |
| 普拉托国际青少年锦标赛（意大利佛罗伦萨） | 5月5—11日 | 卢卡·库塔尼亚茨（克罗地亚） | 获胜—决赛—6：4、6：0 |
| 意大利青少年锦标赛（意大利米兰） | 5月19—24日 | 鲁道夫·雷克（秘鲁） | 输—四分之一决赛—1：6、4：6 |
| 埃迪·赫尔国际青少年锦标赛（美国佛罗里达） | 12月8—14日 | 埃德加多·马萨（阿根廷） | 输—64强—3：6、4：6 |

1998 年，费德勒获得了温布尔登青少年组的冠军。

# 1998 年

| 赛事 | 时间 | 对手 | 结果 |
| --- | --- | --- | --- |
| 维多利亚青少年锦标赛（澳大利亚维多利亚） | 1 月 9—14 日 | 朱利安 · 让皮埃尔（法国） | 获胜—决赛—6 ：4、6 ：4 |
| 澳大利亚哈考特青少年锦标赛（澳大利亚墨尔本） | 1 月 18—24 日 | 朱利安 · 让皮埃尔（法国） | 输—半决赛—1 ：6、4 ：6 |
| 澳大利亚青少年公开赛（澳大利亚墨尔本） | 1 月 26 日—2 月 1 日 | 安德里亚斯 · 文奇盖拉（瑞典） | 输—半决赛 —6 ：4、5 ：7、5 ：7 |
| 佛罗伦萨城市国际锦标赛（意大利佛罗伦萨） | 4 月 8—13 日 | 菲利波 · 沃兰德里（意大利） | 获胜—决赛—7 ：6、6 ：3 |
| 意大利青少年公开赛（意大利米兰） | 5 月 18—24 日 | 杰罗姆 · 黑内尔（法国） | 输—32 强—6 ：4、5 ：7、2 ：6 |
| 比利时国际青少年锦标赛（比利时沙勒罗瓦） | 5 月 25—30 日 | 鲍勃 · 博雷拉（丹麦） | 输—四分之一决赛—退赛 |
| 法国国际青少年锦标赛（法国巴黎） | 5 月 31 日—6 月 7 日 | 雅罗斯拉夫 · 莱温斯基（捷克） | 输—64 强—4 ：6、7 ：5、7 ：9 |
| LTA（英国草地网球协会）国际青少年锦标赛（英国罗汉普顿） | 6 月 21—26 日 | 泰勒 · 登特（美国） | 输—半决赛—6 ：7、6 ：4、3 ：6 |
| 温布尔登青少年赛（英国温布尔登） | 6 月 27 日—7 月 5 日 | 伊拉克利 · 拉巴泽（格鲁吉亚） | 获胜—决赛—6 ：4、6 ：4 |
| 欧洲青少年封闭式锦标赛（瑞士克劳斯特斯） | 7 月 20—26 日 | 费里西亚诺 · 洛佩兹（西班牙） | 输—半决赛—6 ：4、2 ：6、4 ：6 |
| 美国青少年公开赛（美国纽约） | 5 月 31 日—6 月 7 日 | 大卫 · 纳尔班迪安（阿根廷） | 输—决赛—3 ：6、5 ：7 |
| 埃迪 · 赫尔国际青少年锦标赛（美国佛罗里达） | 11 月 30 日—12 月 6 日 | 埃里克 · 普罗东（法国） | 输—16 强—4 ：6、6 ：3、3 ：6 |
| 橘子碗青少年锦标赛（美国佛罗里达） | 12 月 13—20 日 | 奎勒莫 · 科里亚（阿根廷） | 输—半决赛—7 ：5、6 ：3 |

# 成人期单打记录

## 2001 年

| 赛事 | 时间 | 对手 | 场地 | 结果 |
| --- | --- | --- | --- | --- |
| 米兰室内赛（意大利米兰） | 1 月 29 日—2 月 4 日 | 朱利安 · 布特（法国） | 室内硬地 | 6 ∶ 4、6 ∶ 7、6 ∶ 4 |

## 2002 年

| 赛事 | 时间 | 对手 | 场地 | 结果 |
| --- | --- | --- | --- | --- |
| 悉尼国际赛（澳大利亚悉尼） | 1 月 7—13 日 | 胡安 · 伊戈纳西奥 · 切拉（阿根廷） | 室外 / 硬地 | 6 ∶ 3、6 ∶ 3 |
| 德国公开赛（德国汉堡） | 5 月 13—19 日 | 马拉特 · 萨芬（俄罗斯） | 室外 / 红土 | 6 ∶ 1、6 ∶ 3、6 ∶ 4 |
| 维也纳公开赛（奥地利维也纳） | 10 月 7—13 日 | 吉日 · 诺瓦克（捷克） | 室内 / 硬地 | 6 ∶ 4、6 ∶ 1、3 ∶ 6、6 ∶ 4 |

## 2003 年

| 赛事 | 时间 | 对手 | 场地 | 结果 |
| --- | --- | --- | --- | --- |
| 马赛公开赛（法国马赛） | 2 月 10—16 日 | 乔纳斯 · 比约克曼（瑞典） | 室内 / 硬地 | 6 ∶ 2、7 ∶ 6 |
| 迪拜冠军赛（阿联酋迪拜） | 2 月 24 日—3 月 2 日 | 吉日 · 诺瓦克（捷克） | 室外 / 硬地 | 6 ∶ 1、7 ∶ 6 |
| 巴伐利亚国际锦标赛（德国慕尼黑） | 4 月 28 日—5 月 4 日 | 亚尔科 · 涅米宁（芬兰） | 室外 / 红土 | 6 ∶ 1、6 ∶ 4 |
| 哈雷公开赛（德国哈雷） | 6 月 9—15 日 | 尼古拉斯 · 基佛（德国） | 室外 / 草地 | 6 ∶ 1、6 ∶ 3 |
| 温网（英国温布尔登） | 6 月 23 日—7 月 6 日 | 马克 · 菲利普西斯（澳大利亚） | 室外 / 草地 | 7 ∶ 6、6 ∶ 2、7 ∶ 6 |
| 维也纳公开赛（奥地利维也纳） | 10 月 6—12 日 | 卡洛斯 · 莫亚（西班牙） | 室内 / 硬地 | 6 ∶ 3、6 ∶ 3、6 ∶ 3 |
| 年终大师杯（美国德克萨斯） | 11 月 10—16 日 | 安德烈 · 阿加西（美国） | 室外 / 硬地 | 6 ∶ 3、6 ∶ 0、6 ∶ 4 |

## 2004 年

| 赛事 | 时间 | 对手 | 场地 | 结果 |
| --- | --- | --- | --- | --- |
| 澳网（澳大利亚墨尔本） | 1 月 19 日—2 月 1 日 | 马拉特 · 萨芬（俄罗斯） | 室外 / 硬地 | 7 ： 6、6 ： 4、6 ： 2 |
| 迪拜冠军赛（阿联酋迪拜） | 3 月 1—7 日 | 菲里西亚诺 · 洛佩兹（西班牙） | 室外 / 硬地 | 4 ： 6、6 ： 1、6 ： 2 |
| 印第安纳维尔斯大师赛（美国加利福尼亚） | 3 月 8—21 日 | 蒂姆 · 亨曼（英国） | 室外 / 硬地 | 6 ： 3、6 ： 3 |
| 德国公开赛（德国汉堡） | 5 月 10—16 日 | 奎勒莫 · 科里亚（阿根廷） | 室外 / 红土 | 4 ： 6、6 ： 4、6 ： 2、6 ： 3 |
| 哈雷公开赛（德国哈雷） | 6 月 6—13 日 | 马迪 · 费什（美国） | 室外 / 草地 | 6 ： 0、6 ： 3 |
| 温网（英国温布尔登） | 6 月 21 日—7 月 4 日 | 安迪 · 罗迪克（美国） | 室外 / 草地 | 4 ： 6、7 ： 5、7 ： 6、6 ： 4 |
| 瑞士公开赛（瑞士格斯塔德） | 7 月 5—11 日 | 伊戈尔 · 安德列夫（俄罗斯） | 室外 / 红土 | 6 ： 2、6 ： 3、5 ： 7、6 ： 3 |
| 加拿大公开赛（加拿大多伦多） | 7 月 26 日—8 月 1 日 | 安迪 · 罗迪克（美国） | 室外 / 硬地 | 7 ： 6、6 ： 3 |
| 美网（美国纽约） | 8 月 30 日—9 月 9 日 | 莱顿 · 休伊特（澳大利亚） | 室外 / 硬地 | 6 ： 0、7 ： 6、6 ： 0 |
| 泰国公开赛（泰国曼谷） | 9 月 27 日—10 月 3 日 | 安迪 · 罗迪克（美国） | 室内 / 硬地 | 6 ： 4、6 ： 0 |
| 年终大师杯（美国德克萨斯） | 11 月 15—21 日 | 莱顿 · 休伊特（美国） | 室外 / 硬地 | 6 ： 2、6 ： 2 |

## 2005 年

| 赛事 | 时间 | 对手 | 场地 | 结果 |
| --- | --- | --- | --- | --- |
| 卡塔尔公开赛（卡塔尔多哈） | 1 月 3—9 日 | 伊万 · 柳比西奇（克罗地亚） | 室外 / 硬地 | 6 ： 3、6 ： 1 |
| 鹿特丹公开赛（荷兰鹿特丹） | 2 月 14—20 日 | 伊万 · 柳比西奇（克罗地亚） | 室内 / 硬地 | 5 ： 7、7 ： 5、7 ： 6 |
| 迪拜冠军赛（阿联酋迪拜） | 2 月 21—27 日 | 伊万 · 柳比西奇（克罗地亚） | 室外 / 硬地 | 6 ： 1、6 ： 7、6 ： 3 |
| 印第安纳维尔斯大师赛（美国加利福尼亚） | 3 月 7—20 日 | 莱顿 · 休伊特（澳大利亚） | 室外 / 硬地 | 6 ： 2、6 ： 4、6 ： 4 |
| 迈阿密公开赛（美国迈阿密） | 3 月 21 日—4 月 3 日 | 拉法 · 纳达尔（西班牙） | 室外 / 硬地 | 2 ： 6、6 ： 7、7 ： 6、6 ： 3、6 ： 1 |
| 德国公开赛（德国汉堡） | 5 月 9—15 日 | 理查德 · 加斯奎特（法国） | 室外 / 红土 | 6 ： 3、7 ： 5、7 ： 6 |
| 哈雷公开赛（德国哈雷） | 6 月 6—12 日 | 马拉特 · 萨芬（俄罗斯） | 室外 / 草地 | 6 ： 4、6 ： 7、6 ： 4 |
| 温网（英国温布尔登） | 6 月 20 日—7 月 3 日 | 安迪 · 罗迪克（美国） | 室外 / 硬地 | 6 ： 2、7 ： 6、6 ： 4 |
| 辛辛那提大师赛（美国辛辛那提） | 8 月 15—21 日 | 安迪 · 罗迪克（美国） | 室外 / 硬地 | 6 ： 3、7 ： 5 |
| 美网（美国纽约） | 8 月 29 日—9 月 11 日 | 安德烈 · 阿加西（美国） | 室外 / 硬地 | 6 ： 3、2 ： 6、7 ： 6、6 ： 1 |
| 泰国公开赛（泰国曼谷） | 9 月 26 日—10 月 2 日 | 安迪 · 穆雷（英国） | 室外 / 硬地 | 6 ： 3、7 ： 5 |

# 2006 年

| 赛事 | 时间 | 对手 | 场地 | 结果 |
|---|---|---|---|---|
| 卡特尔公开赛（卡塔尔多哈） | 1 月 2—8 日 | 盖尔 · 孟菲尔斯（法国） | 室外 / 硬地 | 6 ∶ 3、7 ∶ 6 |
| 澳网（澳大利亚墨尔本） | 1 月 16—29 日 | 马科斯 · 巴格达蒂斯（塞浦路斯） | 室外 / 硬地 | 5 ∶ 7、7 ∶ 5、6 ∶ 0、6 ∶ 2 |
| 印第安纳维尔斯大师赛（美国加利福尼亚） | 3 月 6—19 日 | 詹姆斯 · 布雷克（美国） | 室外 / 硬地 | 7 ∶ 5、6 ∶ 3、6 ∶ 0 |
| 迈阿密公开赛（美国迈阿密） | 3 月 20 日—4 月 3 日 | 伊万 · 柳比西奇（克罗地亚） | 室外 / 硬地 | 7 ∶ 6、7 ∶ 6、7 ∶ 6 |
| 哈雷公开赛（德国哈雷） | 6 月 12—18 日 | 托马斯 · 伯蒂奇（捷克） | 室外 / 草地 | 6 ∶ 0、6 ∶ 7、6 ∶ 2 |
| 温网（英国温布尔登） | 6 月 26 日—7 月 9 日 | 拉法 · 纳达尔（西班牙） | 室外 / 草地 | 6 ∶ 0、7 ∶ 6、6 ∶ 7、6 ∶ 3 |
| 加拿大公开赛（加拿大多伦多） | 8 月 7—13 日 | 理查德 · 加斯奎特（法国） | 室外 / 硬地 | 2 ∶ 6、6 ∶ 3、6 ∶ 2 |
| 美网（美国纽约） | 8 月 28 日—9 月 10 日 | 安迪 · 罗迪克（美国） | 室外 / 硬地 | 6 ∶ 2、4 ∶ 6、7 ∶ 5、6 ∶ 1 |
| 日本公开赛（日本东京） | 10 月 2—8 日 | 蒂姆 · 亨曼（英国） | 室外 / 硬地 | 6 ∶ 3、6 ∶ 3 |
| 马德里公开赛（西班牙马德里） | 10 月 16—22 日 | 费尔南多 · 冈萨雷斯（智利） | 室内 / 硬地 | 7 ∶ 5、6 ∶ 1、6 ∶ 0 |
| 瑞士室内赛（瑞士巴塞尔） | 10 月 23—29 日 | 费尔南多 · 冈萨雷斯（智利） | 室内硬地 | 6 ∶ 2、6 ∶ 2、7 ∶ 6 |
| 年终大师杯（中国上海） | 11 月 13—19 日 | 詹姆斯 · 布雷克（美国） | 室内 / 硬地 | 6 ∶ 0、6 ∶ 3、6 ∶ 4 |

# 2007 年

| 赛事 | 时间 | 对手 | 场地 | 结果 |
|---|---|---|---|---|
| 澳网（澳大利亚墨尔本） | 1 月 15—28 日 | 费尔南多 · 冈萨雷斯（智利） | 室外 / 硬地 | 7 ∶ 6、6 ∶ 4、6 ∶ 4 |
| 迪拜冠军赛（阿联酋迪拜） | 2 月 26 日—3 月 4 日 | 米哈伊尔 · 尤兹尼（俄罗斯） | 室外 / 硬地 | 6 ∶ 4、6 ∶ 3 |
| 德国公开赛（德国汉堡） | 5 月 14—20 日 | 拉法 · 纳达尔（西班牙） | 室外 / 红土 | 2 ∶ 6、6 ∶ 2、6 ∶ 0 |
| 温网（英国温布尔登） | 6 月 25 日—7 月 8 日 | 拉法 · 纳达尔（西班牙） | 室外 / 草地 | 7 ∶ 6、4 ∶ 6、7 ∶ 6、2 ∶ 6、6 ∶ 2 |
| 辛辛那提大师赛（美国辛辛那提） | 8 月 13—19 日 | 詹姆斯 · 布雷克（美国） | 室外 / 硬地 | 6 ∶ 1、6 ∶ 4 |
| 美网（美国纽约） | 8 月 27 日—9 月 9 日 | 诺瓦克 · 德约科维奇（塞尔维亚） | 室外 / 硬地 | 7 ∶ 6、7 ∶ 6、6 ∶ 4 |
| 瑞士室内赛（瑞士巴塞尔） | 10 月 22—28 日 | 亚尔科 · 涅米宁（芬兰） | 室内 / 硬地 | 6 ∶ 3、6 ∶ 4 |
| 年终大师杯（中国上海） | 11 月 12—18 日 | 大卫 · 费雷尔（西班牙） | 室内 / 硬地 | 6 ∶ 2、6 ∶ 3、6 ∶ 2 |

## 2008 年

| 赛事 | 时间 | 对手 | 场地 | 结果 |
|---|---|---|---|---|
| 埃斯托里尔公开赛（葡萄牙奥埃拉什） | 4 月 14—20 日 | 尼古莱 · 达维登科（俄罗斯） | 室外 / 红土 | 7 ：6、1 ：2 退赛 |
| 哈雷公开赛（德国汉堡） | 6 月 9—15 日 | 菲利普 · 科赫尔斯奇雷伯（德国） | 室外 / 草地 | 5 : 7、7 : 5、6 : 0、6 ：2 |
| 美网（美国纽约） | 8 月 25 日—9 月 7 日 | 安迪 · 穆雷（英国） | 室外 / 硬地 | 6 ：2、7 ：5、6 ：2 |
| 瑞士室内赛（瑞士巴塞尔） | 10 月 20—26 日 | 大卫 · 纳尔班迪安（阿根廷） | 室内 / 硬地 | 6 ：3、6 ：4 |

## 2009 年

| 赛事 | 时间 | 对手 | 场地 | 结果 |
|---|---|---|---|---|
| 马德里公开赛（西班牙马德里） | 5 月 11—17 日 | 拉法 · 纳达尔（西班牙） | 室外 / 红土 | 6 ：4、6 ：4 |
| 法网（法国巴黎） | 5 月 25 日—6 月 7 日 | 罗宾 · 索德林（瑞典） | 室外 / 红土 | 6 ：1、7 ：6、6 ：4 |
| 温网（英国温布尔登） | 6 月 22 日—7 月 5 日 | 安迪 · 罗迪克（美国） | 室外 / 草地 | 5 : 7、7 : 6、7 : 6、3 : 6、16 ：14 |
| 辛辛那提大师赛（美国辛辛那提） | 8 月 17—23 日 | 诺瓦克 · 德约科维奇（塞尔维亚） | 室内 / 硬地 | 6 ：1、7 ：5 |

## 2010 年

| 赛事 | 时间 | 对手 | 场地 | 结果 |
|---|---|---|---|---|
| 澳网（澳大利亚墨尔本） | 1 月 15—28 日 | 安迪 · 穆雷（英国） | 室外 / 硬地 | 6 ：3、6 ：4、7 ：6 |
| 辛辛那提大师赛（美国辛辛那提） | 8 月 16—22 日 | 马迪 · 费什（美国） | 室外 / 硬地 | 6 ：7、7 ：6、6 ：4 |
| 斯德哥尔摩公开赛（瑞典斯德哥尔摩） | 10 月 18—24 日 | 弗洛里安 · 梅耶（德国） | 室内 / 硬地 | 6 ：4、6 ：3 |
| 瑞士室内赛（瑞士巴塞尔） | 11 月 1—7 日 | 诺瓦克 · 德约科维奇（塞尔维亚） | 室内 / 硬地 | 6 ：4、3 ：6、6 ：1 |
| 世界年终总决赛（英国伦敦） | 11 月 22—28 日 | 拉法 · 纳达尔（西班牙） | 室内 / 硬地 | 6 ：3、3 ：6、6 ：1 |

2009年，在罗兰加洛斯，在法网上，费德勒完成了职业全满贯，成为第6位获得全部四大满贯的选手。

## 2011 年

| 赛事 | 时间 | 对手 | 场地 | 结果 |
|---|---|---|---|---|
| 卡塔尔公开赛（卡塔尔多哈） | 1 月 3—8 日 | 尼古莱 · 达维登科（俄罗斯） | 室外 / 硬地 | 6 ：3、6 ：4 |
| 瑞士室内赛（瑞士巴塞尔） | 10 月 31 日 —11 月 6 日 | 锦织圭（日本） | 室内 / 硬地 | 6 ：1、6 ：3 |
| 巴黎大师赛（法国巴黎） | 11 月 7—13 日 | 约 - 威尔弗里德 · 特松加（法国） | 室内 / 硬地 | 6 ：1、7 ：6 |
| 世界年终总决赛（英国伦敦） | 11 月 21—27 日 | 约 - 威尔弗里德 · 特松加（法国） | 室内 / 硬地 | 6 ：3、6 ：7、6 ：3 |

## 2012 年

| 赛事 | 时间 | 对手 | 场地 | 结果 |
|---|---|---|---|---|
| 鹿特丹公开赛（荷兰鹿特丹） | 2 月 13—19 日 | 胡安 · 马丁 · 德尔波特罗（阿根廷） | 室内 / 硬地 | 6 ：1、6 ：4 |
| 迪拜冠军赛（阿联酋迪拜） | 2 月 27 日—3 月 3 日 | 安迪 · 穆雷（英国） | 室外 / 硬地 | 7 ：5、6 ：4 |
| 印第安纳维尔斯大师赛（美国加利福尼亚） | 3 月 5—18 日 | 约翰 · 伊斯内尔（美国） | 室外 / 硬地 | 7 ：6、6 ：3 |
| 马德里公开赛（西班牙马德里） | 5 月 7—13 日 | 托马斯 · 伯蒂奇（捷克） | 室外 / 红土 | 3 ：6、7 ：5、7 ：5 |
| 温网（英国温布尔登） | 6 月 25 日—7 月 8 日 | 安迪 · 穆雷（英国） | 室外 / 草地 | 4：6、7：5、6：3、6 ：4 |
| 辛辛那提大师赛（美国辛辛那提） | 8 月 13—19 日 | 诺瓦克 · 德约科维奇（塞尔维亚） | 室外 / 硬地 | 6 ：0、7 ：6 |

## 2013 年

| 赛事 | 时间 | 对手 | 场地 | 结果 |
|---|---|---|---|---|
| 哈雷公开赛（德国哈雷） | 6 月 10—16 日 | 米哈伊尔 · 尤兹尼（俄罗斯） | 室外 / 草地 | 6 ：7、6 ：3、6 ：4 |

## 2014 年

| 赛事 | 时间 | 对手 | 场地 | 结果 |
|---|---|---|---|---|
| 迪拜冠军赛（阿联酋迪拜） | 2 月 24 日—3 月 1 日 | 托马斯 · 伯蒂奇（捷克） | 室外 / 硬地 | 3 ：6、6 ：4、6 ：3 |
| 哈雷公开赛（德国哈雷） | 6 月 9—15 日 | 亚历桑德罗 · 法拉（哥伦比亚） | 室外 / 草地 | 7 ：6、7 ：6 |
| 辛辛那提大师赛（美国辛辛那提） | 8 月 11—17 日 | 大卫 · 费雷尔（西班牙） | 室外 / 硬地 | 6 ：3、1 ：6、6 ：2 |
| 上海大师赛（中国上海） | 10 月 6—12 日 | 吉勒 · 西蒙（法国） | 室外 / 硬地 | 4：6、7：5、6：3、6 ：4 |
| 瑞士室内赛（瑞士巴塞尔） | 10 月 20—26 日 | 大卫 · 戈芬（比利时） | 室内 / 硬地 | 6 ：2、6 ：2 |

2003—2007 年，费德勒是全英俱乐部中央球场上当之无愧的球王，连续 5 次夺得温网桂冠。

# 2015 年

| 赛事 | 时间 | 对手 | 场地 | 结果 |
| --- | --- | --- | --- | --- |
| 布里斯班国际赛（澳大利亚布里斯班） | 1 月 5—11 日 | 米洛斯 · 拉奥尼奇（加拿大） | 室外 / 硬地 | 6 ：4、6 ：7、6 ：4 |
| 迪拜冠军赛（阿联酋迪拜） | 2 月 23—28 日 | 诺瓦克 · 德约科维奇（塞尔维亚） | 室外 / 硬地 | 6 ：3、7 ：5 |
| 伊斯坦布尔公开赛（土耳其伊斯坦布尔） | 4 月 27 日—5 月 3 日 | 帕布罗 · 奎瓦斯（乌拉圭） | 室外 / 红土 | 6 ：3、7 ：6 |
| 哈雷公开赛（德国汉堡） | 6 月 15—21 日 | 安德烈亚斯 · 塞皮（意大利） | 室外 / 草地 | 7 ：6、6 ：4 |
| 辛辛那提大师赛（美国辛辛那提） | 8 月 17—23 日 | 诺瓦克 · 德约科维奇（塞尔维亚） | 室外 / 硬地 | 7 ：6、6 ：3 |
| 瑞士室内赛（瑞士巴塞尔） | 10 月 26 日—11 月 1 日 | 拉法 · 纳达尔（西班牙） | 室内 / 硬地 | 6 ：3、5 ：7、6 ：3 |

## 2017 年

| 赛事 | 时间 | 对手 | 场地 | 结果 |
| --- | --- | --- | --- | --- |
| 澳网（澳大利亚墨尔本） | 1 月 16—29 日 | 拉法 · 纳达尔（西班牙） | 室外 / 硬地 | 6 ：4、3 ：6、6 ：1、3 ：6、6 ：3 |
| 印第安纳维尔斯大师赛（美国加利福尼亚） | 3 月 6—19 日 | 斯坦 · 瓦林卡（瑞士） | 室外 / 硬地 | 6 ：4、7 ：5 |
| 迈阿密公开赛（美国迈阿密） | 3 月 20 日—4 月 2 日 | 拉法 · 纳达尔（西班牙） | 室外 / 硬地 | 6 ：3、6 ：4 |
| 哈雷公开赛（德国哈雷） | 6 月 19—25 日 | 亚历山大 · 兹维列夫（德国） | 室外 / 草地 | 6 ：1、6 ：3 |
| 温网（英国温布尔登） | 7 月 3—16 日 | 马林 · 西里奇（克罗地亚） | 室外 / 草地 | 6 ：3、6 ：1、6 ：4 |
| 上海大师赛（中国上海） | 10 月 9—15 日 | 拉法 · 纳达尔（西班牙） | 室外 / 硬地 | 6 ：4、6 ：3 |
| 瑞士室内赛（瑞士巴塞尔） | 10 月 23—29 日 | 胡安 · 马丁 · 德尔波特罗（阿根廷） | 室内 / 硬地 | 6 ：7、6 ：4、6 ：3 |

## 2018 年

| 赛事 | 时间 | 对手 | 场地 | 结果 |
| --- | --- | --- | --- | --- |
| 澳网（澳大利亚墨尔本） | 1 月 16—29 日 | 拉法 · 纳达尔（西班牙） | 室外 / 硬地 | 6 ：4、3 ：6、6 ：1、3 ：6、6 ：3 |
| 印第安纳维尔斯大师赛（美国加利福尼亚） | 3 月 6—19 日 | 斯坦 · 瓦林卡（瑞士） | 室外 / 硬地 | 6 ：4、7 ：5 |
| 迈阿密公开赛（美国迈阿密） | 3 月 20 日—4 月 2 日 | 拉法 · 纳达尔（西班牙） | 室外 / 硬地 | 6 ：3、6 ：4 |
| 哈雷公开赛（德国哈雷） | 6 月 19—25 日 | 亚历山大 · 兹维列夫（德国） | 室外 / 草地 | 6 ：1、6 ：3 |
| 温网（英国温布尔登） | 7 月 3—16 日 | 马林 · 西里奇（克罗地亚） | 室外 / 草地 | 6 ：3、6 ：1、6 ：4 |
| 瑞士室内赛（瑞士巴塞尔） | 10 月 23—29 日 | 胡安 · 马丁 · 德尔波特罗（阿根廷） | 室内 / 硬地 | 6 ：7、6 ：4、6 ：3 |

# 奥运会记录

## 2000 年悉尼奥运会

| 比赛形式 | 时间 | 对手 | 结果 |
| --- | --- | --- | --- |
| 单打 | 9 月 18 日—10 月 1 日 | 大卫 · 普里诺西尔（德国） | 获胜—64 强—6 ：2、6 ：2 |
| | | 达罗尔 · 库塞拉（斯洛伐克） | 获胜—32 强—6 ：4、7 ：6 |
| | | 米凯尔 · 提尔斯卓姆（瑞典） | 获胜—16 强—6 ：1、6 ：2 |
| | | 卡里姆 · 阿拉米（摩洛哥） | 获胜—四分之一决赛—7 ：6、6 ：1 |
| | | 汤米 · 哈斯（德国） | 输—半决赛—3 ：6、2 ：6 |
| | | 阿尔诺 · 迪帕斯卡尔（法国） | 输—争夺铜牌—6 ：7、7 ：6、3 ：6 |

## 2004 年雅典奥运会

| 比赛形式 | 时间 | 对手 | 结果 |
| --- | --- | --- | --- |
| 单打 | 8 月 16—22 日 | 尼古莱 · 达维登科（俄罗斯） | 获胜—64 强—6 ：3、5 ：7、6 ：1 |
| | | 托马斯 · 伯蒂奇（捷克） | 输—32 强—6 ：4、5 ：7、5 ：7 |
| 双打（与伊夫 · 阿勒格罗搭档） | 8 月 16—22 日 | M. 费腾博格和 M. 马特科夫斯基（波兰） | 获胜—第一轮—6 ：2、6 ：2 |
| | | M. 布帕蒂和 L. 佩斯（印度） | 输—第二轮—2 ：6、6 ：7 |

## 2008 年北京奥运会

| 比赛形式 | 时间 | 对手 | 结果 |
| --- | --- | --- | --- |
| 单打 | 8 月 11—17 日 | 德米特里 · 图萨诺夫（俄罗斯） | 获胜—64 强—6 ：4、6 ：2 |
| | | 拉法 · 阿雷瓦罗（萨尔瓦多） | 获胜—32 强—6 ：2、6 ：4 |
| | | 托马斯 · 伯蒂奇（捷克） | 获胜—16 强—6 ：2、6 ：2 |
| | | 詹姆斯 · 布雷克（美国） | 输—四分之一决赛—4 ：6、6 ：7 |

2008 年北京奥运会上，费德勒第三次出现在奥运赛场上，在男子双打比赛中，他与瓦林卡搭档夺得金牌。

续表

| 比赛形式 | 时间 | 对手 | 结果 |
|---|---|---|---|
| 双打（与斯坦·瓦林卡搭档） | 8 月 11—17 日 | S. 博莱利和 A. 塞皮（意大利） | 获胜—32 强—7 ：5、6 ：1 |
| | | D. 图萨诺夫和 M. 尤兹尼（俄罗斯） | 获胜—16 强—6 ：4、6 ：3 |
| | | M. 布帕蒂和 L. 佩斯（印度） | 获胜—四分之一决赛—6 ：3、7 ：6 |
| | | 布莱恩兄弟（美国） | 获胜—半决赛—7 ：6、6 ：4 |
| | | S. 阿斯佩林和 T. 约翰森 | 获胜—决赛—6 ：3、6 ：4、6 ：7、6 ：3 |

# 2012 年伦敦奥运会

| 比赛形式 | 时间 | 对手 | 结果 |
|---|---|---|---|
| 单打 | 7 月 30 日—8 月 5 日 | 亚历桑德罗·法拉（哥伦比亚） | 获胜—64 强—6 ：3、5 ：7、6 ：3 |
| | | 朱利安·贝内托（法国） | 获胜—32 强—6 ：2、6 ：2 |
| | | 丹尼斯·伊斯托明（乌兹别克斯坦） | 获胜—16 强—7 ：5、6 ：3 |
| | | 约翰·伊斯内尔（美国） | 获胜—四分之一决赛—6 ：4、7 ：6 |
| | | 胡安·马丁·德尔波特罗（阿根廷） | 获胜—半决赛—3 ：6、7 ：6、19 ：17 |
| | | 安迪·穆雷（英国） | 输—决赛—2 ：6、1 ：6、4 ：6 |
| 双打（与斯坦·瓦林卡搭档） | 7 月 30 日—8 月 5 日 | 锦织圭和添田豪（日本） | 获胜—32 强—6 ：7、6 ：4、6 ：4 |
| | | 安迪·莱姆和尤尼·埃里奇（以色列） | 输—16 强—6 ：1、6 ：7、3 ：6 |

# 戴维斯杯记录

## 1999 年

| 阶段 | 比赛形式 | 对手 | 结果 |
|---|---|---|---|
| 世界组第一轮，对阵意大利队 | 单打 | 戴维德・桑吉内蒂 | 获胜—6：4、6：7、6：3、6：4 |
| | | 吉安卢卡・波奇 | 输—4：6、6：7 |
| 世界组四分之一决赛，对阵比利时队 | 单打 | 克里斯托弗・范加斯 | 输—6：7、6：3、6：1、5：7、1：6 |
| | | 泽维尔・马利塞 | 输—6：4、3：6、5：7、6：7 |

## 2000 年

| 阶段 | 比赛形式 | 对手 | 结果 |
|---|---|---|---|
| 世界组第一轮，对阵澳大利亚队 | 单打 | 马克・菲利普西斯 | 获胜—6：4、7：6、4：6、6：4 |
| | | 莱顿・休伊特 | 输—2：6、6：3、6：7、1：6 |
| | 双打（与 L. 曼塔搭档） | W. 阿瑟斯和 S. 桑顿 | 获胜—3：6、6：3、6：4、7：6 |
| 世界组附加赛，对阵白俄罗斯 | 单打 | 弗拉基米尔・沃尔特切科夫 | 获胜—4：6、7：6、4：6、6：1 |
| | | 泽维尔・马利塞 | 输—2：6、6：3、6：7、1：6 |
| | 双打（与 L. 曼塔搭档） | M. 米尔尼和 V. 沃尔特切科夫 | 获胜—2：6、7：6、7：5、7：6 |

## 2001 年

| 阶段 | 比赛形式 | 对手 | 结果 |
|---|---|---|---|
| 世界组第一轮，对阵美国队 | 单打 | 马丁・陶德 | 获胜—6：4、7：6、4：6、6：1 |
| | | 詹麦克・甘比尔 | 获胜—7：5、6：2、4：6、6：2 |
| | 双打（与 L. 曼塔搭档） | J-M. 甘比尔和 J. 吉美尔斯托布 | 获胜—6：4、6：2、7：5 |

续表

| 阶段 | 比赛形式 | 对手 | 结果 |
| --- | --- | --- | --- |
| 世界组四分之一决赛，对阵法国队 | 单打 | 尼古拉斯·埃斯库德 | 输—4：6、7：6、3：6、4：6 |
| | | 阿诺德·克莱门特 | 获胜—6：4、3：6、7：6、6：4 |
| | 双打（与L. 曼塔搭档） | C. 皮奥林和F. 塞特罗 | 获胜—5：7、6：3、7：6、6：7、9：7 |

# 2002年

| 阶段 | 比赛形式 | 对手 | 结果 |
| --- | --- | --- | --- |
| 世界组第一轮，对阵俄罗斯 | 单打 | 马拉特·萨芬 | 获胜—7：5、6：1、6：2 |
| | | 耶夫格尼·卡费尔尼科夫 | 获胜—7：6、6：1、6：1 |
| | 双打（与M. 罗塞特搭档） | Y. 卡费尔尼科夫和M. 萨芬 | 输—2：6、6：7、7：6、2：6 |
| 世界组附加赛，对阵摩洛哥 | 单打 | 希拉姆·阿拉奇 | 获胜—6：3、6：2、6：1 |
| | | 尤内斯·艾诺伊 | 获胜—6：3、6：2、6：1 |
| | 双打（与M. 罗塞特搭档） | K. 阿拉米和Y. 艾诺伊 | 获胜—6：4、6：1、6：4 |

# 2003年

| 阶段 | 比赛形式 | 对手 | 结果 |
| --- | --- | --- | --- |
| 世界组第一轮，对阵荷兰 | 单打 | 雷蒙·斯鲁伊特 | 获胜—6：2、6：1、6：3 |
| | | 岑·沙尔肯 | 获胜—7：6、6：4、7：5 |
| | 双打（与G. 巴斯特尔搭档） | P. 哈尔胡斯和M. 沃克 | 输—6：3、3：6、4：6、5：7 |
| 世界组四分之一决赛，对阵法国 | 单打 | 尼古拉斯·埃斯库德 | 获胜—6：4、7：5、6：2 |
| | | 法布雷斯·塞特罗 | 获胜—6：1、6：0、6：2 |
| | 双打（与M. 罗塞特搭档） | N. 埃斯库德和F. 塞特罗 | 获胜—6：4、3：6、6：3、7：6 |
| 世界组半决赛，对阵澳大利亚 | 单打 | 马克·菲利普西斯 | 获胜—6：3、6：4、7：6 |
| | | 莱顿·休伊特 | 输—7：5、6：2、6：7、5：7、1：6 |
| | 双打（与M. 罗塞特搭档） | W. 阿瑟斯和T. 伍德布里奇 | 输—6：4、6：7、7：5、4：6、4：6 |

## 2004 年

| 阶段 | 比赛形式 | 对手 | 结果 |
| --- | --- | --- | --- |
| 世界组第一轮，对阵罗马尼亚 | 单打 | 维克特 · 哈内斯库 | 获胜—7 ：6、6 ：3、6 ：1 |
| | | 安德烈 · 帕维尔 | 获胜—6 ：3、6 ：2、7 ：5 |
| | 双打（与 Y. 阿勒格罗搭档） | A. 帕维尔和 G. 特里夫 | 获胜—6 ：4、1 ：6、6 ：3、3 ：6、10 ：8 |
| 世界组八分之一决赛，对阵法国 | 单打 | 尼古拉斯 · 埃斯库德 | 获胜—6 ：2、6 ：4、6 ：4 |
| | | 阿诺德 · 克莱门特 | 获胜—6 ：2、7 ：5、6 ：4 |
| | 双打（与 Y. 阿勒格罗搭档） | N. 埃斯库德和 M. 罗德拉 | 输—7 ：6、3 ：6、6 ：7、3 ：6 |

## 2005 年

| 阶段 | 比赛形式 | 对手 | 结果 |
| --- | --- | --- | --- |
| 世界组附加赛，对阵英国队 | 单打 | 艾伦 · 麦金 | 获胜—6 ：0、6 ：0、6 ：2 |
| | 双打（与 Y. 阿勒格罗搭档） | G. 鲁塞德斯基和 A. 穆雷 | 获胜—7 ：5、2 ：6、7 ：6、6 ：2 |

## 2006 年

| 阶段 | 比赛形式 | 对手 | 结果 |
| --- | --- | --- | --- |
| 世界组附加赛，对阵塞黑队 | 单打 | 杨科 · 蒂普萨雷维奇 | 获胜—6 ：3、6 ：2、6 ：2 |
| | | 诺瓦克 · 德约科维奇 | 获胜—6 ：3、6 ：2、6 ：3 |
| | 双打（与 Y. 阿勒格罗搭档） | I. 博佐利亚奇和 N. 辛蒙尼奇 | 获胜—7 ：6、6 ：4、6 ：4 |

## 2007 年

| 阶段 | 比赛形式 | 对手 | 结果 |
| --- | --- | --- | --- |
| 世界组附加赛，对阵捷克队 | 单打 | 拉德克 · 斯泰潘尼克 | 获胜—6 ：3、6 ：2、6 ：7、7 ：6 |
| | | 托马斯 · 伯蒂奇 | 获胜—7 ：6、7 ：6、6 ：3 |
| | 双打（与 Y. 阿勒格罗搭档） | T. 伯蒂奇和 R. 斯泰潘尼克 | 输—6 ：3、7 ：5、6 ：7、4 ：6、4 ：6 |

## 2008 年

| 阶段 | 比赛形式 | 对手 | 结果 |
| --- | --- | --- | --- |
| 世界组附加赛，对阵比利时队 | 单打 | 克里斯托弗 · 弗利根 | 获胜—7 ：6、6 ：4、6 ：2 |
| | 双打（与 S. 瓦林卡搭档） | X. 马利塞和 O. 罗胡斯 | 获胜—4 ：6、7 ：6、6 ：3、6 ：3 |

## 2009 年

| 阶段 | 比赛形式 | 对手 | 结果 |
| --- | --- | --- | --- |
| 世界组附加赛，对阵意大利队 | 单打 | 西蒙内 · 博莱利 | 获胜—6 ：3、6 ：4、6 ：1 |
| | | 波蒂托 · 斯塔雷斯 | 获胜—6 ：3、6 ：0、6 ：4 |

## 2011 年

| 阶段 | 比赛形式 | 对手 | 结果 |
| --- | --- | --- | --- |
| 第一组四分之一决赛，对阵葡萄牙 | 单打 | 瑞 · 马查多 | 获胜—5 ：7、6 ：5、6 ：4、6 ：2 |
| | 双打（与 S. 瓦林卡搭档） | F. 吉尔和 L. 塔瓦雷斯 | 获胜—6 ：3、6 ：4、6 ：4 |
| 世界组附加赛，对阵澳大利亚 | 单打 | 莱顿 · 休伊特 | 获胜—5 ：7、7 ：6、6 ：2、6 ：3 |
| | | 伯纳德 · 托米奇 | 获胜—6 ：2、7 ：5、3 ：6、6 ：3 |
| | 双打（与 S. 瓦林卡搭档） | C. 古乔内和 L. 休伊特 | 输—6 ：2、4 ：6、2 ：6、6 ：7 |

## 2012 年

| 阶段 | 比赛形式 | 对手 | 结果 |
| --- | --- | --- | --- |
| 世界组第一轮，对阵美国队 | 单打 | 约翰 · 伊斯内尔 | 输—6 ：4、3 ：6、6 ：7、2 ：6 |
| | 双打（与 S. 瓦林卡搭档） | M. 布莱恩和 M. 费什 | 输—6 ：4、3 ：6、3 ：6、3 ：6 |
| 世界组附加赛，对阵荷兰队 | 单打 | 特勒莫 · 德贝克 | 获胜—6 ：3、6 ：4、6 ：4 |
| | | 罗宾 · 哈塞 | 获胜—6 ：1、6 ：4、6 ：4 |
| | 双打（与 S. 瓦林卡搭档） | R. 哈塞和 J-J. 罗杰 | 输—4 ：6、2 ：6、7 ：5、3 ：6 |

在经历过 13 次挑战失败后，2014 年，费德勒终于带领瑞士队举起了戴维斯杯，他们在决赛中击败了法国队。

## 2014 年

| 阶段 | 比赛形式 | 对手 | 结果 |
| --- | --- | --- | --- |
| 世界组第一轮，对阵塞尔维亚队 | 单打 | 伊利亚 · 博佐利亚奇 | 获胜—6 : 4、7 : 5、6 : 2 |
| 世界组八分之一决赛，对阵哈萨克斯坦 | 单打 | 米哈伊尔 · 库库什金 | 获胜—6 : 4、6 : 2、6 : 2 |
| | | 安德烈 · 戈卢别夫 | 获胜—7 : 6、6 : 2、6 : 3 |
| | 双打（与 S. 瓦林卡搭档） | G. 戈卢别夫和 A. 内多夫耶索夫 | 输—4 : 6、6 : 7、6 : 4、6 : 7 |
| 世界组半决赛，对阵意大利 | 单打 | 西蒙内 · 博莱利 | 获胜—7 : 6、6 : 4、6 : 4 |
| | | 法比奥 · 弗格尼尼 | 获胜—6 : 2、6 : 3、7 : 6 |
| 世界组决赛，对阵法国 | 单打 | 盖尔 · 孟菲尔斯 | 输—1 : 6、4 : 6、3 : 6 |
| | | 理查德 · 加斯奎特 | 获胜—6 : 4、6 : 2、6 : 2 |
| | 双打（与 S. 瓦林卡搭档） | J. 贝内特乌和 R. 加斯奎特 | 获胜—6 : 3、7 : 5、6 : 4 |

## 2015 年

| 阶段 | 比赛形式 | 对手 | 结果 |
| --- | --- | --- | --- |
| 世界组附加赛，对阵荷兰队 | 单打 | 杰西 · 胡塔 · 加仑 | 获胜—6 : 3、6 : 4、6 : 3 |
| | | 特勒莫 · 德贝克 | 获胜—6 : 3、6 : 2、6 : 4 |
| | 双打（与 M. 基乌迪内利搭档） | T. 德贝克和 M. 米德尔库普 | 输—6 : 7、6 : 4、6 : 4、4 : 6、1 : 6 |

# 图片来源

感谢以下机构对本书中使用的图片给予授权。卡尔顿图书有限公司（Carlton Books Limited）已经努力核实每一张图片的来源和所有者，如有错误和遗漏，深表歉意，将在以后的版本中予以更正。

**GETTY IMAGES:** /AELTC：116-117，166；/AFP：目录页；/Ron C Angle：37；/Al Bello：58-59；/Torsten Blackwood/AFP：69；/Clive Brunskill：扉页，16-17，20-21，23，38-39，42，70，72，96，98-99，100-101，114-115，148-149，164-165；/Simon Bruty/Sports Illustrated：146-147；/David Cannon：141；/Jean Catuffe：137，193；/Denis Charlet/AFP：132-133；/Lorenzo Ciniglio/Corbis：152；/Tim Clayton/Corbis：8-9，154-155，156-157，163；/Thomas Coex/AFP：12 - 13；/Fabrice Coffrini/AFP：126-127，128，130-131；/Phil Cole：66-67；/Frank Coppi/Popperfoto：44-45，48-49；/Carl Court/AFP：151；/Paul Crock/AFP：160；/Adrian Dennis/AFP：110-111；/Julian Finney：94-95，118-119，124-125，134-135，184；/Frederick Florin/AFP：24；/Gamma-Rapho：86-87；/Paul Gilham：113；/Mike Hewitt：29，30；/Tommy Hindley/Professional Sport/Popperfoto：26-27，83，187；/Findlay Kember/AFP：72；/Saeed Khan/AFP：159，170-171，173；/Matt King：123，143；/Pierre Lahalle/TempSport/Corbis/VCG：88-89；/Bob Martin/Sports Illustrated：102-103；/Leo Mason/Popperfoto：54-55；/Chris McGrath：80-81；/Jason Merritt：7；/Jason Nevader：64-65；/Peter Parkes/AFP：168-169；/Philippe Perusseau/Icon Sport：91；/Ryan Pierse：76-77，106，107，138-139，182；/Popperfoto：78-79；/Professional Sport/Popperfoto：32-33，52，61，74-75，177；/Michael Regan：174-175；/Roberto Schmidt/AFP：84-85；/Ezra Shaw：56-57；/Howard Earl Simmons/NY News Archive：141；/Matthew Stockman：47，105，144；/TPN：4-5；/William West/AFP：121，161；/Greg Wood/AFP：53

**SHUTTERSTOCK:** /Luca Bruno/AP/REX：40；/Keystone/REX：35